本书是
"基于CAS的农产品供应链质量安全影响要素涌现研究"
（2012FB132）项目成果

农产品质量安全研究
——基于批发市场交易模式视角

NONGCHANPIN ZHILIANG ANQUAN YANJIU
Jiyu Pifashichang Jiaoyimoshi Shijiao

刘小兰◎著

中国社会科学出版社

图书在版编目（CIP）数据

农产品质量安全研究：基于批发市场交易模式视角/刘小兰著.
—北京：中国社会科学出版社，2015.9
ISBN 978 - 7 - 5161 - 6936 - 0

Ⅰ.①农…　Ⅱ.①刘…　Ⅲ.①农产品—质量管理—安全管理—中国　Ⅳ.①F326.5

中国版本图书馆 CIP 数据核字（2015）第 226748 号

出 版 人　赵剑英
责任编辑　卢小生
特约编辑　林　木
责任校对　周晓东
责任印制　王　超

出　　版　中国社会科学出版社
社　　址　北京鼓楼西大街甲 158 号
邮　　编　100720
网　　址　http：//www.csspw.cn
发 行 部　010 - 84083685
门 市 部　010 - 84029450
经　　销　新华书店及其他书店
印　　刷　北京市大兴区新魏印刷厂
装　　订　廊坊市广阳区广增装订厂
版　　次　2015 年 9 月第 1 版
印　　次　2015 年 9 月第 1 次印刷
开　　本　710×1000　1/16
印　　张　11.25
插　　页　2
字　　数　191 千字
定　　价　40.00 元

前　言

　　农产品质量安全关系着千家万户,是政府乃至全社会关注的焦点问题。在我国,70%以上的农产品经由批发市场流入消费者的"菜篮子",批发市场已成为我国农产品流通的主渠道。批发市场频发的农产品安全事件不仅牵扯面广、危害大,而且暴露出我国农产品质量安全管理存在固有缺陷。如何保障批发市场交易模式下的农产品质量安全,成为亟待解决的问题。有鉴于此,本书以"农产品质量安全研究——基于批发市场交易模式的视角"为题开展了研究工作,旨在分析农产品质量安全的影响因素,并基于这些影响因素,探讨批发市场交易模式下农户、批发商、批发市场和政府的策略选择行为,以达到低成本、高效率地保障批发市场上所销售农产品质量安全的目标。

　　本书以批发市场交易模式下农产品质量安全为研究对象,总结对农产品质量安全产生影响的宏观因素和中微观因素,并将收益作为最重要影响因素,研究农户和批发商组成的农产品供应链质量安全协调问题,分析农户和批发商达成安全生产收益惩罚共享契约的条件;基于博弈理论探讨批发市场农产品安全事件频发的原因,以调动批发市场规范管理的积极性;基于 CAS 理论研究政府最优监管策略。鉴于信息通畅是实现农产品"安全溢价"的基础,建立批发商主导型农产品质量安全可追溯系统,通过层层深入分析来完成整个批发市场交易模式下的农产品质量安全问题的研究。

　　按照上述思路,本书第一章为绪论部分,分析本书的研究背景与研究意义,介绍本书中农产品、农产品质量安全和农产品供应链的概念界定,即本书中的农产品质量安全内涵为农产品符合国家强制性标准和要求,对消费者不会产生危害与潜在危害,进而引出本书拟研究的主要内容,简要介绍本书研究的技术路线,并指出本书的创新点。

　　第二章通过文献研究,总结农产品质量安全产生影响的宏观因素

（包括法律法规体系、标准体系、检验检测体系、监管体系），以及中微观因素（包括供应链组织模式、信息传递、收益分配、认知与意识、知识与技术、信誉）。建立农产品质量安全影响因素模型，进行宏观因素与中微观因素关系评述。通过分析指出，收益对于供应链上各方的质量安全行为最具有激励作用，而信息的传递是实现农产品"安全溢价"的基础。

第三章在简要介绍供应链协调相关理论基础上，基于收益分配，进行"批发商＋农户"供应链质量安全控制与协调研究。研究对象为由一个农户和一个批发商组成的二级供应链，运用供应链协调相关理论方法，探讨农户和批发商在不合作、合作以及使用收益惩罚共享契约三种情形下供应链成员的行为决策问题。农户与批发商达成的是安全还是不安全收益惩罚共享契约，视具体情况而定。与合作情形相比，采用收益惩罚共享契约对供应链整体利润的改善虽还有一定差距，然而与不合作情形相比，采用共享契约能够使农户和批发商收益都有所提高。此外还进一步探讨由两个农户和一个批发商组成的农产品供应链质量安全问题。

除了生产领域中农户和供应商收益惩罚共享契约对农产品质量安全产生影响外，流通领域中批发市场的行为选择也会影响农产品安全。第四章基于博弈理论，分析了批发市场农产品安全事件频发的原因，指出现有市场机制的无效性和法律法规的缺陷导致批发市场选择不规范管理，而批发市场的"不作为"行为将诱使供应商（包括入场销售农产品的农户和批发商）提供不安全农产品以获得更多收益。为改变这种状况，给出相应建议以充分发挥批发市场安全管理作用。

以上农户和批发商供应链协调以及批发市场和供应商博弈分析都属于静态研究，然而政府、批发市场和众多供应商都是具有自身目标、偏好和主动性的"活"的主体，政府的目标是农产品的抽检合格率高于一定水平，而批发市场和供应商作为经营主体，目标是追求利益最大化，它们构成的农产品质量安全系统表现出强烈不确定性和动态演变特性，是一个复杂适应系统。因此，第五章在进行农产品质量安全复杂适应系统分析基础上，构建了政府主体、批发市场主体和供应商主体模型，通过对模型属性和规则进行设定，探讨了不同政府监管策略下的农产品安全状况，提出政府最优监管策略，以低成本、高效率地保障农产品质量安全。

安全农产品供应链上收益的增加源于农产品"安全溢价"，而农产品"安全溢价"的实现取决于信息的有效传递。农产品质量安全问题的产生正是其供应链上的信息不对称和逆向选择所致,建立批发商主导型农产品质量安全可追溯系统,可有效传递批发市场上所售农产品相关信息,实现信息对称。第六章通过批发商主导型农产品质量安全可追溯系统建设的理论分析,设计了包括市场信息系统和农产品质量安全信息追溯平台两大部分的批发商主导型农产品质量安全可追溯系统,并提出其建设路径,以充分调动市场中各主体的主观能动性,使该系统高效、可行。

本书分别采用供应链协调理论、博弈理论和复杂适应系统理论,探讨批发市场交易模式下农产品质量安全所涉及的农户、批发商、批发市场和政府的行为策略选择,并建立了批发商主导型农产品质量安全可追溯系统,以期为我国批发市场交易模式下的农产品质量安全管理提供参考。

本书出版得到云南省科技厅、昆明理工大学的大力支持以及同事们的热情帮助,在此表示由衷的感谢。

本书只是作者在批发市场交易模式下农产品质量安全研究领域的初步探索成果。由于作者的水平有限,书中难免有不妥和差错之处,敬请广大读者批评指正。

刘小兰

2015 年 4 月于昆明

目　录

第一章 绪论

第一节 研究背景、现状与意义

一 研究背景

（一）人们对农产品安全的认识已由"数量安全"转变为"质量安全"

农产品作为食品的主要原料来源，是人类赖以生存和发展的最基本物质。改革开放以来，我国农产品供给实现了从长期短缺到总量基本平衡、丰年有余的跨越，农业发展取得了举世瞩目的成就。如我国粮食生产实现了从2004—2010年的"七连增"，近十年来，粮食自给率基本保持在95%以上；肉、禽、蛋、奶、蔬菜、水果、水产品等产量增长明显，食物资源比以往任何时期都丰富。随着收入水平的提高，我国城乡居民肉、禽、蛋、奶、蔬菜、水果、水产品的人均消费量显著增大，人民生活水平得到极大改善。与此同时，人们开始关注农产品的质量和安全，对农产品的需求由"吃得饱"转向"吃得好、吃得安全"。人们对农产品安全的认识开始从数量安全到质量安全转变。

（二）农产品质量安全事件时有发生，引发了人们的信任危机

民以食为天，食以安为先。农产品是人们生活的必需品，为人们提供均衡营养，保障饮食健康。然而近年来接连发生的农产品、食品质量事件，一次次暴露了令人担忧的质量安全问题，触动了消费者的敏感神经，引发了人们的信任危机。

2001年1月，浙江省先后有60多人因"瘦肉精"中毒到医院就诊。

2002年6月，广东省中山市78人因食用有机磷农药残留的通心菜中毒。

2003年3月，辽宁省海城市292名教师和小学生因豆奶中的胰蛋白酶抑制素未被彻底加热去除而引发食物中毒。

2004 年 4 月，有关媒体报道了安徽省阜阳市发生劣质奶粉毒害婴幼儿事件，涉及婴儿 100 多名，并导致 8 名婴儿死亡。

2004 年 5 月，浙江省宁波市查处用双氧水、色素非法加工黑木耳、肉皮、咸笋、海带、海蜇丝的非法食品加工点。

2004 年 11 月，北京市一品鲜森林食品有限公司生产的"一品鲜"桶装野山菌等 17 种蘑菇因二氧化硫残留量超标在全市下架，主要原因是不法商贩用其给蘑菇漂白，使蘑菇产品颜色好看，并延长食品的保质期。

2005 年 6 月，郑州光明山盟乳业有限公司变质光明牛奶返厂加工再销售被曝光。

2005 年 6 月，"雀巢"牌雀巢成长 1 + 奶粉检测结果显示碘超标，在昆明紧急下柜。

2005 年 7 月，国内市场发现水产品体内残留《食品动物禁用的兽药及其化合物清单》中的孔雀石绿。

2005 年 11 月，以出产绿色安全食品著称的北京锦绣大地农业股份有限公司生产的"锦绣大地"牌清水笋检出防腐剂苯甲酸。

2006 年 8 月，北京 23 人食用凉拌螺肉"福寿螺"导致脑膜炎。

2006 年 11 月，河北白洋淀国华禽蛋加工厂生产的一些"红心咸鸭蛋"在北京被查出含有苏丹红Ⅳ号，随后全国数省市相继查出含有苏丹红的"红心鸭蛋"。

2006 年 11 月，上海市场销售的多宝鱼药物残留超标现象严重，所抽样品全部被检测出含有违禁药物，部分样品还同时检出多种违禁药物。

2007 年 3 月，武汉市江夏区、十堰市竹山县等地，查获近 500 公斤含有工业染料"碱性橙Ⅱ"的豆干。

2007 年 7 月，湖南省质监在长沙市黎托乡一民房内的竹笋加工点，查获焦亚硫酸钠超过国家标准 8—10.26 倍的有毒鲜笋 4 吨。

2008 年 9 月，沈阳市农业行政执法支队将 5200 斤来自内蒙古自治区赤峰市农药残留超标的芹菜进行销毁。

2008 年 9 月，因食用污染奶粉而患肾结石的报道铺天盖地，三鹿奶粉一度成为众矢之的，"三鹿奶粉三聚氰胺事件"危害之广、影响之深，令全国震惊。

2009 年 6 月，上海蔬菜批发市场被曝市场内销售"美白豆芽"，豆芽批发商向菜贩提供美白粉（一种强氧化剂）以使豆芽又白又亮。

2010 年 1 月，武汉市农业局在抽检中发现来自海南省英州镇和崖城镇的 5 个豇豆样品水胺硫磷农药残留超标。

2010 年 4 月，华中、抚顺路、城阳三大蔬菜批发市场共检出有机磷超标韭菜 1930 公斤，其来自山东潍坊高密的夏庄镇、河崖镇及潍坊寿光的稻田镇等地，造成 9 名人员中毒。

2011 年 12 月，国家质检总局公布蒙牛乳业（眉山）有限公司生产的一批次产品被检出黄曲霉素 M1 超标 140%。

2012 年 6 月，国家食品安全局发现伊利旗下部分婴幼儿奶粉含贡量异常，有 2 个批次汞含量为 0.034 毫克/公斤和 0.045 毫克/公斤。

2013 年 5 月，山东潍坊市峡山区农户使用剧毒农药"神农丹"进行生姜种植引发了社会广泛关注。

2014 年 7 月，上海福喜食品有限公司曝出用过期肉生产加工食品事件，全国各地查出 30 多万公斤"福喜问题肉"。

2015 年 4 月，山东 17 人食用产自海南的"问题西瓜"，导致有机磷中毒，出现头晕、恶心、呕吐等症状，并致一名孕妇胎儿不保。

表 1-1 2005—2014 年中国食物中毒情况

年份	报告起数	中毒人数	死亡人数
2005	2453	32553	381
2006	1978	31860	209
2007	506	13280	258
2008	431	13095	154
2009	271	1107	181
2010	220	7383	184
2011	189	8324	137
2012	174	6685	146
2013	152	5559	109
2014	160	5657	110
合计	6534	125503	1869
年均	653.4	12550.3	186.9
起均	—	19.2	0.3

资料来源：根据卫生部网站数据整理得到。

通过对国家卫生部网站公布的数据进行汇总分析（见表1-1）可知，2005—2014年，中国食物中毒事件报告平均每年653.4起，中毒人数平均每年12550.3人、每起19.2人，死亡人数平均每年186.9人、每起0.3人。虽然并非所有食品中毒事件皆为食用农产品安全事件，但也有不少是由于农产品生产中存在问题所导致，其中不乏种植类农产品农药和养殖类农产品兽药违规、过量使用而引起的食用农产品中毒。

（三）农产品质量安全问题造成巨大经济损失和严重的政治后果

国内外发生的农产品安全事件，如"疯牛病"事件、"二噁英"事件、"苏丹红"事件、"三聚氰胺毒奶粉"事件，不仅使相关国家遭受了人身和精神伤害，而且造成了经济上的巨大损失和严重的政治后果。英国出现"疯牛病"后第一年的经济损失介于10.7亿—14亿美元之间。加拿大也曾出现过"疯牛病"个案，虽时间较短，但加拿大农业损失高达100亿加元。2002年日本"疯牛病"造成的损失也达2000多亿日元。1999年2月比利时爆发的"二噁英"事件造成的直接损失达3.55亿欧元，如果加上与此关联的食品工业，损失超过10亿欧元。2005年3月，苏丹就引起食品安全问题的一个"祸首"冠名以苏丹红责问英国食品标准局，认为该做法损害了国家形象、名声和出口。2008年，我国"三鹿奶粉三聚氰胺事件"受到影响的儿童达到3000万人，国家损失达到20亿元。

除了农产品安全事件，农残超标也给我国出口企业带来极大困扰和巨大损失。2005年8月，新的欧盟茶叶农残检测标准公布，在之后的两个月内，广东出口欧盟的茶叶量锐减九成以上，而湖南作为国内茶叶出口欧盟最多的省份，在湘茶出口欧盟时，相关出口企业或多或少都曾遭遇退货或销毁。2006年3月，宁波某进出口公司的27.5吨冻烤鳗由于被检测出硝基呋喃类代谢产物超标而遭到日本方面退货，损失高达54.6万美元。2006年5月，日本出台的《肯定列表制度》使得江苏省对日蔬菜出口遭遇绿色壁垒，出口量自2007年开始连续三年下滑，大批出口产品遭到退货，企业损失惨重，甚至省内一部分企业因此倒闭。

（四）政府日益重视农产品安全，监管成效尚有待提高

农产品、食品安全问题已是多年"两会"的热点问题。国家《质量发展纲要（2011—2020年）》明确指出：到2020年，农产品和食品实现优质、生态、安全，农产品和食品质量安全得到有效保障。《中华人民共和国国民经济和社会发展第十二个五年（2011—2015年）规划纲要》里

也明确表示：发展高产、优质、高效、生态、安全农业。政府日益重视农产品安全，并采取了一系列保障措施，如建立健全相关法律法规，加强制度建设，做好《食品安全法》和《农产品质量安全法》的衔接，加快完善配套的规章制度；全面加强农产品质量安全的监管、标准、检测和认证体系建设的工作；加快农业标准化生产示范推广；全面推进农业名牌发展战略；进行专项整治；加强检测力度；等等。虽然我国农产品质量安全管理工作取得了重大进展，然而就近年频发的农产品、食品安全事件来看，我国农产品安全管理机构有待进一步健全、法律法规和标准体系有待进一步完善、监管力度有待进一步加强、政府监管成效有待进一步提高。

二 研究现状

人们对于农产品质量安全研究最初主要集中在政策面的描述和政府监管失灵分析上，侧重于农产品、食品质量安全问题的认识、成因及控制管理策略等基本理论方面，强调农产品质量安全中的政府责任，指出通过加强政府监管、社会监管等来保证质量。例如，王芳（2008）基于食品安全政府规制的经济学理由和公共利益理论，分析食品安全由政府规制的必要性。徐金海（2007）认为，食品质量属性决定了买卖双方对安全食品信息拥有上的不对称，强化政府监管是解决由此导致的市场失灵问题的重要途径，食品质量安全监管本质上是政府相关部门与食品生产经营者之间的博弈过程。也有学者从实证角度探讨政府规制对农产品安全的影响。例如，和丽芬（2010）通过政府规制对安全农产品生产影响的实证分析表明，操作层面的具体制度安排对农户安全农产品供给有着直接影响。周峰（2007）通过对江苏省农户进行调查，研究了政府规制下无公害农产品生产者的道德风险行为。

随着研究的深入，人们开始将视线转移至农产品质量安全利益相关者行为研究之上。这类文献多采用实证研究方法，关注农户和消费者的农产品质量安全认知分析、农户生产及消费者购买安全农产品影响因素分析。农户质量安全认知分析方面，郝利（2008）通过调查问卷研究了生产农户对《农产品质量安全法》内容及无公害农产品标识图案了解情况。冯忠泽（2007）对农户的农产品质量安全认知及影响因素进行了系统、实证分析，结果显示广大农户的农产品质量安全意识和可追溯意识较差，并指出，农户的农产品质量安全认知主要与农户的年龄、受教育程度及家庭收入状况有关。农户生产安全农产品的影响因素分析方面，Feder（1980）

和 Baidu – Forson（1999）认为，技术潜在接受者行为受社会经济状况、个人变量和传播行为影响，所以早期技术接受者或创新者多为受教育程度较高、有较高社会地位和专长的富裕农户。江激宇（2012）通过实证检验，发现农户的认知态度、安全生产行为的预期目标收益以及安全生产行为的认知和自我控制等心理行为因素是农户蔬菜质量安全行为选择的内在动力因素，无公害蔬菜的市场价格是影响行为选择的重要激励因素，同行影响、接受培训、行业环保压力响应与行业组织化程度等是影响行为选择的行业促进因素，而种植面积和政策因素与其呈反向关系。消费者对农产品安全认知影响因素方面，冯忠泽（2008）对消费者的农产品质量安全认知状况和消费者消费行为的影响因素进行了实证分析，并认为消费者对农产品质量安全的认知水平主要与消费者性别、受教育程度、家庭规模有关。Brewer（1994）的研究认为化学、健康、污染和政策等因素影响了消费者对食品安全的认知。消费者对农产品安全支付意愿的影响因素方面，周洁红（2004）通过实证研究表明，消费者非常愿意为蔬菜的安全支付额外费用，但安全蔬菜价格高出普通蔬菜价格的差额应维持在 10%—20%，且蔬菜安全信息对消费者的态度有较大影响。刘军弟（2009）认为，消费者的性别、受教育程度、收入以及价格特征和消费者对食品安全的主观认知与评价等因素，对消费者的食品安全支付意愿具有重要影响，加强政府监管、增加食品安全信息供给是提高消费者食品安全支付意愿的有效途径。消费者对农产品安全信任分析方面，任燕（2009）认为，消费者虽然普遍关注食品安全问题，但对目前食品安全缺乏信心；消费者对食品安全的关注程度及其购买行为、市场管理与卫生环境、政府监管作用的发挥都是影响消费者食品安全信心的重要因素。崔彬（2012）通过结构方程模型分析表明，消费者食品安全信任受消费者对食品供应各有关主体的信任、消费者对相关机构监管作用感知的显著影响。除了农户和消费者行为研究外，也有文献探讨了零售商的作用，其中超市成了关注的重点。王继永（2008）在简述超市对农产品质量保障作用的基础上，重点论述优质猪肉供应链中超市对生猪屠宰加工企业和生猪养殖企业的质量促进作用。卞琳琳（2010）从超市的食品质量控制体系方面分析了超市在保证食品安全中的作用。曲芙蓉（2010）认为，超市良好质量安全行为包括供应链物流、环境卫生管理、质量追溯和辅助管理 4 个方面，它们既独立发挥作用，又相互协同促进。

除了强调制度行政手段以及相关利益者行为研究外，还有较多文献通过成本收益分析，探讨食品安全管理规制的成本效率。如阿罗（Arrow，1995）提出了环境、健康和安全管制的成本收益分析原理。安特尔（Antle，1995）提出了有效食品安全管制原理，并结合罗森（Rosen）的竞争性企业生产品质差别的产品模型和格特勒、沃尔德曼（Gertler，Waldman）的质量调整成本函数模型，对食品安全规则在牛肉、猪肉和家禽业等不同产品上产生影响进行估计，结果发现，实施食品安全规则的成本会超过美国农业部估计的收益。国内相关研究较少进行成本收益分析，主要是从博弈论角度采用经典博弈理论和演化博弈理论研究了生产者、消费者、政府等的收益，其博弈多处于生产者与生产者、生产者与消费者、生产者与政府之间。

除了以上研究，还有部分文献指出，应采用农产品安全控制技术和手段来保障农产品安全。除了最终的检测技术外，还包括过程控制技术以及农产品质量安全可追溯系统。其中过程控制技术包括农业种植、养殖方面的 GAP（良好农业规范）、GVP（良好兽医规范）、GVDP（良好兽药规范）等；农产品加工方面的 GMP（良好生产规范）、GHP（良好卫生规范）、SSOP（标准操作规程）、HACCP（危害分析及关键控制点）及 ISO17165、ISO22000 等。而可追溯系统方面则主要探讨了系统的设计与建设、绩效评价、现有问题与对策，等等。

可以看到，已有研究多建立在传统经济运行模式下，从各自角度分别进行论述。国内学者重点关注于政府监管以及农户和消费者行为研究，较少进行成本收益分析，对于零售商更强调超市对农产品安全的促进作用，较少分析农产品批发商和批发市场行为对农产品安全的影响。

三 研究意义

农产品质量安全已引起政府和全社会的高度重视，成为全球性的重大战略问题。鉴于农产品安全问题多发生于生产和流通阶段，进行安全生产和流通对于保障农产品质量安全具有重要意义。在我国，农产品生产和流通表现出其自有的特点，如超小规模的农户与个体户依然是我国农产品生产流通最重要的主体；农产品批发市场数量庞大，但档次不高，功能不完善；渠道效率低下，市场信息网络建设滞后，等等。我国农产品供应链结构如图 1-1 所示。

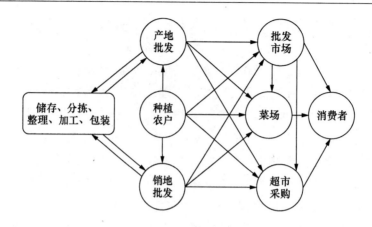

图1-1 农产品供应链结构

由图1-1可以看到，我国农产品从田头到餐桌的全过程表现出流通渠道多样化特征。虽然自"农超对接"开展以来，农产品经超市销售的比重已由"十一五"初期的15%提高到现在的20%，然而其相较于批发市场拥有更高的信誉意识和更强的实力，农产品安全水平整体表现较好，且又考虑到农产品批发市场作为我国农产品流通主渠道，全国70%以上的农产品商品经由批发市场参与流通，我国绝大多数农产品通过批发市场、农贸市场流入消费者的"菜篮子"的现状，本书选取批发市场交易模式下的农产品质量安全进行研究，对指导我国农产品安全保障工作具有重要意义。

（一）拓展农产品安全生产研究

农产品生产源头控制无疑是保障农产品安全的重中之重。除了分析农户安全生产认知、行为影响因素，强调政府的源头监管外，还需要了解农户和批发商之间的交互行为机理。本书以"批发商＋农户"为研究对象，进行农产品供应链质量安全控制与协调研究，完善了农产品供应链协调理论体系，丰富了相关理论研究的内容，为深化相关理论研究提供借鉴，并为农产品安全生产提供理论支持。

（二）促使批发市场进行农产品安全管理

批发市场作为我国农产品流通的主渠道和中心环节，在农产品安全管理中扮演重要角色，政府也已认识到其重要作用，并在《中华人民共和国农产品质量安全法》中明确了批发市场的安全管理职能。然而，近年来，经由批发市场销售的农产品所爆发的质量安全事件屡见不鲜，"毒豇豆"、"毒韭菜"、"毒生姜"以及最近发生的"毒西瓜"事件暴露出农产品安全问题中批发市场管理具有缺陷。本书通过分析批发市场农产品安全管理理论，探讨批发市场在保障农产品安全中的位置和作用，认识管理缺陷产生的原因，有效杜绝批发市场农产品安全事件的再次发生，促进市场销售农产品质量安全状况的提升。

（三）优化政府监管策略选择

农产品质量安全管理具有公共产品属性、外部性和信息不对称性，容易导致市场失灵，必须由政府进行监管。然而面对我国数量众多、大小不一的农产品批发市场，资源有限的政府监管显得力不从心。兼之批发商、批发市场和政府行为的交互作用呈现复杂适应性，本书引入复杂适应系统（CAS）理论，将其作为研究农产品质量安全的新思路，为优化政府监管策略，降低监管成本，提高监管效率，更好地保障农产品质量安全、改善我国农产品质量安全状况提供帮助。

（四）提高农产品质量安全水平

考虑影响农产品安全的宏观与中微观因素，以及各要素间的相互作用关系，本书从促进农户安全生产、批发市场规范管理、政府高效监管三个视角进行探讨，以多角度、多方位促进农产品质量安全水平的提升。

第二节　相关概念界定

一　农产品概念

随着世界各国农业的快速发展，农产品概念的范围也不断延伸至更深、更广的领域。按照国际公认和国内普遍认可的观点，农产品是指动物、植物、微生物产品及其直接加工产品。

《加拿大农产品法》第二条第二款将"农产品"定义为：（1）动物、植物或动植物产品；（2）整个或部分来自动植物的产品，包括任何食品和饮料；（3）本法案规定的产品。

日本《农林产品标准和正确标识法》第二条第一款中所提到的"农林产品"是指：（1）饮料、食物、油料和脂类；（2）农产品、林产品、畜产品和水产品，以及用这些产品作为原料或成分的加工产品。

我国《农产品质量安全法》第一章第二条中将农产品定义为：来源·

于农业的初级产品，即在农业活动中获得的植物、动物、微生物及其产品。

翟虎渠（2006）认为，广义的农产品是指人类有意识地利用动植物生长机能以获得生活所必需的食物和其他物质资料的经济活动的产物。

胡莲（2009）将农产品定义为从农业活动中获得的可供人食用的成品和原料，主要包括生鲜农产品及其初级加工品，如粮食、蔬菜、瓜果、肉类、蛋类等。

陈小霖（2007）认为，农产品范围包括在农业活动中直接获得的未经加工以及经过分拣、去皮、剥壳、清洗、切割、冷冻、打蜡、分级、包装等粗加工但未改变基本自然形状和化学性质的加工品，包括蔬菜、加工前的鲜奶、捕捞船上的渔获物。

从以上农产品的定义可以看出，就产品特性而言，农产品分为植物性农产品和动物性农产品；就范围来看，农产品不仅包括农业源性产品，还包括源性产品的加工品和制成品；而就食用性而言，农产品又分为食用农产品和非食用农产品。人们常说的农产品多指食用农产品，即由种植或者养殖形成，未经加工或者经初级加工的，可供人类食用的农产品。食用农产品是农产品质量安全研究的主要对象，若无特殊说明，本书研究的农产品为种植业、养殖业、林业、牧业、水产业生产的经由批发市场销售的各种可食用植物、动物的初级产品及初级加工品，包括粮油、果蔬、可食林产品、可食畜禽产品、可食水产品等。

二　农产品质量安全内涵

农产品质量安全内涵目前还颇具争议，一种观点将其理解为"质量方面的安全"，即仅指农产品中可能对人体健康造成损害的属性。郑风田（2003）将农产品质量安全表述为食物应当无毒无害，不能对人体造成任何伤害，食物必须保证不致人患急、慢性疾病或者潜在危害。王玉环（2008）认为，可食用农产品质量安全的内涵是可食用农产品以其所具有的卫生、营养状况，在满足不同的消费需求时，不会对消费者健康造成危害的一种性状。樊红平（2007）认为，农产品质量安全从管理角度可表述为农产品的种植、养殖、加工、包装、贮藏、运输、销售、消费等活动符合国家强制性标准和要求，不存在损害或威胁消费者及其后代健康的有毒有害物质。金发忠（2005）认为，农产品安全包含在质量要素之中，指农产品的危害因素，如农药残留、兽药残留、重金属污染等对人和动植物以及环境存在的危害与潜在危害。

另一种观点则表示应将其看作"质量和安全",即不仅包括安全属性,还包括质量属性。安特尔(2000)将食品质量安全细化为"安全"和"品质"两个部分,他认为,肉类产品质量安全包括安全属性和非安全属性。钟真(2012)认为,"质量安全是指代所有质量属性但又突出安全属性"的一个习惯用语,提出包含"安全"与"品质"的"全面质量安全观"。王启现(2007)认为,农产品质量安全是指防范农产品中有毒有害物质对人体健康可能产生的危害,农产品内在品质和外观满足储运、加工、消费、出口等方面的能力,农产品质量安全水平指农产品符合规定标准或要求的程度。李铜山(2008)认为,食用农产品安全是指作为直接食用的农产品或者以食用农产品做原料生产出来的加工食品,要保证其在适宜的环境下生产、加工、储存和销售,减少其在食物链各个阶段所受到的污染,以保障消费者的身体健康,即食用农产品应当无毒、无害,符合应当有的营养要求,具有相应的色、香、味等感官性状。

目前,这两种观点在国内外研究文献中都大量存在。然而由于法律法规进行规范并实施强制监管和保障的主要是农产品质量中的安全性要求,而且就我国目前安全事件频发的现状来看,保障农产品"质量方面的安全"是当务之急,更贴合实际,因此,本书中对农产品质量安全的定义是:直接食用的农产品或者以食用农产品为原料生产出来的初级加工品,其种植、养殖、加工、包装、贮藏、运输、销售、消费等活动符合国家强制性标准和要求,对消费者不会产生危害与潜在危害。

三 农产品供应链概念

对农产品供应链目前尚没有统一、公认的定义,人们通常根据自己的理解对其进行描述。狄灵晓(2013)认为,农产品供应链是基于农产品这一特殊产品形成的供应链,通过售前收集的信息流、售后反馈的物料流和运用信息流进行农业生产资料的采购、农产品加工生产销售,从而把农资供应商、农产品的种植养殖者、批发商、加工商、分销商及最终消费者连成一体的功能网链的结构模式,涵盖了从供应商到最终客户之间的有关最终产品或服务的一切业务活动。胡莲(2008)则认为,农产品供应链是以市场为导向,以消费者需求为中心,以契约为纽带,通过合作社及生产基地将上游的广大分散农户有机地组织起来,与处于链条中游的加工企业建立战略合作关系，以下游连锁超市或大型仓储超市为核心企业和主要零售地点，通过对信息流、物流、资金流和质量流的控制，将生产商、加工商、运输商、批发商、零售商直到最终消费者连成整体，为消费者提供优质安全、快捷和高附加值农产品的功能网链结构。

从以上农产品供应链定义可以看出，人们对于农产品供应链是一种功能网链结构已有统一认识，然而对于其具体供应链成员组成还有分歧。通过综合考虑已有的农产品供应链定义以及我国现有的农产品从"农田"到"餐桌"的渠道结构模式，本书认为，农产品供应链并不仅仅局限于合作社、生产基地以及超市，而是涵盖了中小型农产品批发商，包括以批发市场及农贸市场为销售地点的功能网络，是农产品生产、粗加工以及流通过程中所涉及的农户及其他类型农产品生产商、批发商、加工商、零售商及最终消费者所组成的功能网链结构，涵盖了从生产者到最终客户之间的有关最终产品或服务的一切业务活动。

第三节　研究内容与技术路线

一　研究内容

对于农产品质量安全研究最初主要集中在政策方面描述和政府管理失灵分析上，侧重于农产品安全问题的认识、成因及控制管理策略等基本理论方面研究，后因农产品安全问题产生于供应链的不同环节，越来越多的学者开始意识到应从供应链视角进行农产品质量控制，以确保其安全性。鉴于我国农产品生产主体是数量庞大且分散生产、独立经营的小农户，农民协会和农业合作组织发育还不完善，绝大多数农产品是以"批发商＋农户"模式经由批发市场进入千家万户，本书以农产品质量安全为研究对象，在现有研究的基础上，总结了农产品质量安全的影响因素，并从"批发商＋农户"的供应链协调、批发商与批发市场的博弈、政府最优策略选择以及批发商主导的可追溯系统建设等方面，对批发市场交易模式下的农产品质量安全进行研究。

（一）农产品质量安全影响因素构建

加强政府监管与完善供应链组织的内部保障机制是解决农产品安全问

题相辅相成的两个方面。通过文献分析，构建基于政府保障视角的农产品质量安全宏观影响因素和基于供应链保障视角的农产品质量安全中微观影响因素。通过宏观因素与中微观因素的相互关系评述，确定收益分配是最为重要的影响因素，为后文研究打下基础。

（二）基于质量安全的"批发商＋农户"供应链控制与协调

以一个农户和一个批发商组成的二级供应链为研究对象，围绕同一单质农产品的消费者需求，运用供应链协调相关方法，分析在农户和批发商不合作、合作以及使用收益惩罚共享契约三种情形下供应链成员的博弈均衡，评价收益惩罚共享契约对农户安全生产决策和供应链成员利润的促进作用，为确保农户进行安全生产提供建议。

（三）基于农产品安全的批发市场与供应商博弈分析

批发市场有责任和义务确保市场内销售的农产品安全。在对我国农产品安全管理现状进行分析基础上，基于博弈理论解释批发市场农产品安全事件频发的原因。探讨引入对批发市场的罚金和供应商及批发市场的额外收益，对批发市场最优策略的改变，以充分发挥批发市场的安全管理作用，降低政府监管负担，确保农产品安全。

（四）不同政府监管策略下农产品质量安全状况研究

引入复杂适应系统理论，将供应商、批发市场和政府视为能够主动接受环境影响和支配、根据新信息随时调整和改变自己行为的"活"主体，构建各类主体属性和行为规则。采用 Swarm 仿真研究不同利润差距、政府抽检概率、罚款额度和监管策略下，供应商、批发市场和政府的策略变化，以获得政府最优监管策略，从而高效率、低成本保障农产品质量安全。

（五）批发商主导型农产品质量安全可追溯系统建设

鉴于信息前向传递和逆向追溯对提升农产品质量安全的重要作用，针对我国可追溯系统的实施现状，依据信息经济学理论和收益成本理论，分析消费者和农产品生产经营者行为，提出我国批发商主导型农产品质量安全可追溯系统的建设思路。以此为基础，设计批发商主导型农产品质量安全可追溯系统，并提出建设路径。

二 技术路线

本书研究的技术路线如图 1－2 所示。

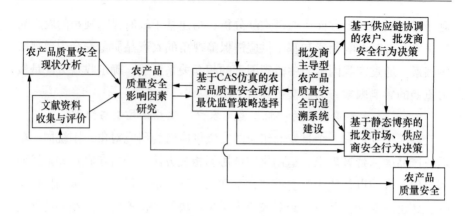

图 1 - 2 技术路线

第四节 本书的创新点

一 建立了基于质量安全的农产品供应链协调模型

基于供应链质量契约协调机制,建立基于收益与惩罚共享的农产品供应链质量安全控制与协调模型,并从理论上证明了随着供应链一体化程度的提高,其提供安全农产品的可能性增大。得到由一个农户和一个批发商组成的二级供应链,只有在农户和批发商不合作情形下,而农户选择生产不安全农产品时,批发商才会进行收益惩罚共享契约协调;只有农产品质量安全对需求量的影响程度和政府惩罚高于一定水平,质量安全成本低于一定水平时,农户和批发商才能形成安全生产收益惩罚共享契约。而由两个农户和一个批发商组成的二级供应链,当农户和批发商不合作时,生产安全农产品的农户必将转为生产不安全农产品。

二 建立了基于农产品安全的批发市场与供应商博弈模型

采用博弈方法,研究当前我国政府监管下批发市场与供应商的最优策略,揭示批发市场农产品安全事件频发的原因。结果表明,市场内在激励机制的无效性和现有法律法规的缺陷,使批发市场的占优战略为"不规范管理",农产品安全监管责任完全落在政府身上。通过将"因销售不安全农产品政府对批发市场的惩罚"和"安全农产品带给批发市场和供应商的额外收益"引入支付矩阵,可以改变批发市场的占优战略,发挥市场安全管理作用。

三　建立了多主体参与下批发市场农产品质量安全 CAS 模型

采用 Multi－agent 技术，基于 Swarm 平台对由供应商主体、批发市场主体和政府主体构成的复杂适应系统进行建模仿真。结果表明，短期为保障农产品安全，政府最优策略是加大对批发市场的罚款额度，并采用较高的恒定抽检概率进行静态监管。而长期来看，政府为低成本、高效率保障农产品安全，除了加大对批发市场的罚款额度，应首先着重畅通信息，并对批发市场和消费者进行引导，实现市场上安全农产品能够获得"安全溢价"，此时应采用动态监管的方式。

第五节　本章小结

本章基于我国现实状况提出了本书的研究背景，阐述了批发市场交易模式下农产品质量安全研究的意义。在此基础上，对本书中涉及的农产品概念、农产品质量安全内涵和农产品供应链概念进行了界定，说明了本书的研究内容和技术路线，最后总结提出本书可能的创新点。

第二章　农产品质量安全影响因素

农产品质量安全问题主要表现在三个方面：一是药物残留和重金属等有毒有害物质含量超标，如瘦肉精猪肉、美白豆芽、镉大米；二是微生物污染和生物毒素含量超标，如疯牛病、病死猪肉；三是掺杂使假，如三聚氰胺奶粉、橡皮鸡蛋。世界卫生组织指出，食品安全从表征原因上看主要是由微生物病原体、人畜共生疾病寄生组织、天然毒素及过敏源、农药和兽药残留、由动物到人的病变与传染、持续性组织污染、重金属超标、物理污染与掺杂使假、转基因组织等10个"潜在危害"造成的。表征原因，即导致农产品不安全的直接原因非常易于为人理解，然而，究其根源和深层次原因，农产品质量安全事件的发生最终可归结为经济学和管理学方面问题。加强政府监管与完善供应链组织的内部保障机制是解决农产品、食品安全问题相辅相成的两个方面。综观现有文献，农产品质量安全影响因素也可归纳为两个方面：一是基于宏观角度，关注供应链系统外的宏观质量安全风险因素，侧重于通过加强政府监管、建立农产品安全保障体系来保证质量安全。二是基于中微观角度，从农产品供应链整体和供应链成员视角入手，关注供应链系统内的中微观质量安全风险因素，侧重于通过完善系统内部保障机制以保证质量安全。

农产品质量安全影响因素众多，关系纷繁复杂。本书基于现有研究成果，从宏观和中微观两个角度分析、梳理影响农产品质量安全的主要因素，并进行各因素相关关系评述，为本书后续研究做好准备工作。

第一节　农产品质量安全宏观影响因素

农产品质量安全管理具有公共产品属性、外部性和信息不对称性，容易导致市场失灵，引起农产品"柠檬市场"的出现，强化政府监管是解决由此导致的市场失灵问题的重要途径。政府在农产品质量安全保障中扮演着一个既特殊又重要的角色，对农产品的政府公共治理是确保其质量安全的最后防线。政府可进行事前管制，包括相关法律、法规、标准和政策制定等；事中监控，包括农产品生产过程中的抽查、检测等；事后究责，包括对不安全农产品相关责任人的行政处罚等。然而，政府对农产品质量安全的保障效果，取决于整个农产品安全保障体系的建立和完善。总体来看，基于宏观角度的农产品质量安全影响因素主要包括以下几个方面。

一 健全的法律法规体系是保障农产品质量安全的基础

农产品法律法规是农产品质量安全诚信的基础，能够规范与约束农产品供应者行为，有效地维护人民的切身利益，构建和谐社会秩序。经过多年努力，我国农产品安全法律法规体系已经基本形成。如建立了法律层次的《农产品质量安全法》和《食品安全法》，法规层次的《农药管理条例》、《兽药管理条例》、《生猪屠宰管理条例》、《饲料和饲料添加剂管理条例》等等，基本上覆盖了"从农田到餐桌"的全过程。然而我国的法律法规体系依旧存在许多问题。如周洁红（2006）、何立胜（2009）、于和之（2010）等分别参考了美国、欧盟和日本的农产品、食品的质量安全管理现状指出，我国现行法律法规存在的缺陷有：法律法规不完善、不协调；体系滞后；处罚力度小，威慑力不够；作用不明显，适用性和可操作性不强。法律法规能够对人的行为产生指引、评价、预测和警示的作用，然而不健全的法律法规使其作用大打折扣。以2006年颁布的《农产品质量安全法》为例，该法明确了批发市场作为经营主体所禁止销售的农产品范围，并提出市场应设立或者委托农产品质量安全检测机构，对进场销售的农产品质量安全状况进行抽查检测。然而批发市场有限的人力、物力和财力，使其单靠自身力量无法做到每天对每车进场农产品进行抽检，兼之商务部办公厅2008年印发的《农产品批发市场食品安全操作规范（试行）》中只规定市场应检测无有效质量证明文件的产品，然而即使产品拥有有效文件，其质量安全依旧令人担忧，实证研究表明，80%—90%的有效质量证明文件是假的。法律法规的不协调、可操作性不强，致使批发市场的农产品安全管理作用并未得以体现，即使市场中有不安全农产品销售，市场因此而获得政府处罚的可能性也较低，最终经批发市场销售的农产品质量安全事件频发不足为奇。

二 完善的标准体系是保障农产品质量安全的依据

农产品质量安全标准作为农产品质量安全的强制性技术规范，是农产品质量安全评价和监管的重要执法依据，也是支撑和规范农产品生产经营的重要技术保障。只有拥有农产品生产、加工及产品标准，在检测时才能有据可循，切实保障农产品的安全性。截至 2010 年年底，农业部已组织制定农业国家标准和行业标准 4800 余项，其中有关农产品安全限量标准和检验检测方法标准 1800 多项，从新中国成立初期的农作物种子、种畜禽标准发展到涉及农产品产地环境标准、农业投入品标准、生产规范、产品质量、安全限量、检测方法、包装标识、储存运输等农产品生产的全过程，基本建立起以国家标准和行业标准为主体、地方标准为配套、企业标准为补充的农产品质量安全标准体系。我国农产品质量安全标准体系的发展取得了长足进步。然而可以看到，尽管早在 1999 年财政部、农业部就启动实施了"农业行业标准制修订财政专项计划"，加快了农产品质量安全标准制修订进程，时至今日，我国农业行业标准与国际标准依然存在巨大差距。以我国 2013 年 3 月 1 日起正式实施的食品安全国家标准《食品中农药最大残留限量》为例，该标准中新的农药最大残留限量标准已达 2293 个，和我国原有标准比，虽然增加了 1400 余个，但相较于 FAO/WHO 食品法典委员会（CAC）制订的标准数量 3820 个、美国 1.1 万个、日本肯定列表 5 万多个，依旧还有不小距离。

三 高效的检验检测体系是保障农产品质量安全的手段

农产品质量安全检验检测体系是依据国家（行业）标准，以先进仪器设备为手段、可靠实验环境为保障，对农产品生产（包括农业生态环境、农业投入品）和农产品质量安全实施科学公正监测、鉴定、评价的技术保障体系。作为政府实施农产品质量安全执法监管的重要手段，农产品质量安全检验检测体系承担着为政府和广大农产品生产者、经营者、消费者提供技术决策、服务和咨询的重要职能，对保障农产品质量安全具有十分重要的作用。截至 2010 年，国家投资建设了省（部）级、县级农产品质检中心（站、所）1017 个，其中县级农产品质检站建设项目 936 个，形成了以农业部部级农产品质检中心为龙头、省级农产品质检中心为主体、地市级农产品质检中心为骨干、县级农产品质检站（所）为基础、乡镇（生产基地、批发市场）速测实验室为补充的全国农产品质量安全检验检测体系。然而，我国农产品质量安全检验检测体系依旧存在技术人员不足、检测手段薄弱等问题。如我国县乡两级普遍"缺机构、缺人员、缺经费、缺手段",很多安全检测任务在基层难以落实到位,使得多数县乡农产品产地证明和质量检测合格证明成为形式性文件,无法有效传递农产品的安全性,未能实现产地准出和市场准入的规范作用。

四 有力的监管体系是保障农产品质量安全的支撑

健全和完善我国农产品质量安全监管体系,是全面提升农产品质量安全能力,推进农产品质量安全科学管理的一项重要措施。只有有力、合理、公正的监管体系,才能更好地发挥监管机构的监管职能,维护人民合法权益,积极推进农产品质量安全诚信建设,推动农产品市场健康稳定发展。目前我国的农产品质量安全管理机构众多,除中央一级各部委外,还有省、市、县三级的各级政府以及各部委在地方的延伸机构,数量多且庞杂,且因我国对农产品安全的管理按照一个监管环节、由一个部门监管的原则,采取分段监管为主、品种监管为辅方式,导致我国现行农产品安全监管体制存在着较多弊端:多头执法,监管职能交叠,部门间相互制约、扯皮的情况时有发生,难以形成合力;各安全监管机构执行法律法规及部门规章不统一,执行的质量安全标准不一致;监管资源浪费严重,存在执法部门人员、设备及监测检验设施不足与基础设施重复建设、执法设备重复购置之间的矛盾;一些政府监管部门难以拂去利益之重,致使一些公权力秘密行政,出现公权寻租。监管体制的弊端已成为政府部门进行农产品质量监管的巨大障碍。以三鹿奶粉为例,2004年4月,安徽阜阳"大头娃娃"事件发生后,媒体披露了45家问题奶粉名单,三鹿奶粉榜上有名,之后三鹿集团的婴儿奶粉在全国各地遭遇封杀、退市的巨大打击。然而仅17天,三鹿奶粉通过"努力"将自己从问题奶粉名单中拿了下来,并由"阜阳市全面开展伪劣奶粉暨工业食品专项整治工作领导小组"召开新闻发布会,承认将三鹿列入不合格产品名单是工作失误。事件的戏剧性变化不禁让消费者质疑政府部门监管是否坚持"公平、公正、公开",政府部门的"寻租"行为更使其公信力大幅下滑。

第二节 农产品质量安全中微观影响因素

农产品不安全因素贯穿于农产品供应链始终,安全问题的发生可能出现在供应链任何一个环节，包括生产、加工、包装、储存、运输、销售和消费，因而也有学者指出供应链内部协同才是解决农产品质量安全问题的根本，而外部监管处于第二位，应从供应链视角进行农产品安全管理。通过梳理现有文献，本书将基于供应链视角的农产品质量安全影响因素划分为两个层次，一是基于中观角度，即基于供应链整体视角的农产品质量安全影响因素；二是基于微观角度，即基于供应链成员视角的农产品质量安全影响因素。

一 农产品质量安全中观影响因素

农产品供应链是一个为了生产、销售农产品而相互联系、相互依赖的组织系统，它除了是一条物流链以外，还是一条资金链和信息链。因此，基于供应链整体视角的农产品质量安全影响因素主要涉及供应链组织模式、信息传递和收益分配三个方面。

（一）供应链组织模式

我国的农产品生产具有地域分散性和规模不均匀性的特点。小规模农户的分散生产经营模式，不仅使政府对生产源头的监管遭遇极大困难，呈现监管成本高昂、效率低下态势，而且导致小农户在农产品交易时话语权微弱，谈判力不强。基于此，苏昕（2013）和郭晓鸣（2005）提出，农民合作组织是破解这种困境的现实路径，他们指出农民合作组织可以优化资源配置、降低交易成本和市场风险、共享组织优势与合作收益，合作组织的自律功能能够有效防止单个农户的机会主义行为，从而实现农产品生产过程中的质量安全控制，从源头保障农产品安全。杨天和（2006）通过实证研究表明"合作社＋农户"的安全农产品供给效率大于"企业＋农户"，大于单个农户家庭的自主经营。欧阳琦（2012）也从博弈论视角，分析了农业合作组织对农产品质量安全的作用，并指出农民合作组织作为信息平台和监管中心，可以减少交易双方的信息不对称以及交易成本，有助于提高农产品质量。

除了"农民合作组织＋农户"的供应链生产组织模式，也有学者认为不同的供应链交易组织模式将对农产品安全产生影响。如李政（2013）认为，实现"农超"对接，缩短了农产品供应链，且由超市进行全过程控制管理，有效保障了农产品安全。胡定寰（2006）通过对苹果种植农户的调查发现相比于市场交易模式，组织内部交易模式更有助于提高农产品的品质和安全性、增加农户收入。汪普庆（2009）通过实证研究发现，完全一体化（公司返租、合伙制）优于"公司＋农户"，优于蔬菜生产基地，优于散户生产，并提出供应链的一体化程度越高其提供产品的质量安全水平越高。他的观点也获得了一些学者的认可。

（二）信息传递

农产品具有信用品属性，质量安全作为内在品质，从外观上难以为消费者辨识，而在无法辨识农产品安全品质的情况下，逆向选择最终导致了"柠檬市场"的出现。大量研究成果表明，农产品质量安全问题是供应链上的信息不对称和逆向选择所致，可通过建立有效的质量信号传递机制和可追溯制度来解决。一方面，我国已建立认证制度，鼓励企业建立农产品品牌并进行认证，以发出有效质量安全信号，实施农产品安全信息的正向传递；另一方面，鉴于欧美等发达国家可追溯制度在保障农产品安全方面所取得的成果，2004 年以来我国也陆续在各地试点建设农产品、食品质量安全可追溯系统，实施农产品安全信息的逆向追溯。信息透明、责任追溯是矫正市场失灵的重要手段，在农产品供应链上实施可追溯性，一旦出现质量安全问题，将可以快速、准确地找到并处罚相关负责人。代云云（2012）的实证研究结果表明，市场的责任追溯能力对农户的质量安全控制行为具有显著影响。龚强（2012）指出，供应链中任一环节的可追溯性，不但能够促进该环节的企业提高其产品安全水平，还可以促使供应链上其他环节企业提供更加安全的产品。Lecomte（2003）通过研究发现，供应链各环节实现信息追溯，能够促使上下游企业进行信息共享和紧密合作，从而提高农产品质量安全水平。Hobbs（2005）和 Verbeke（2006）也认为，可追溯性对顾客来说，在保证农产品安全方面具有重要作用。农产品质量安全信息的有效传递能够有效遏制农产品安全事件的发生，然而种植户或养殖户采取相应措施如使用农药、兽药、添加剂等减少病灾所带来损失的行为，使得种植户或养殖户不愿意传递相关生产信息，以避免这些信息带来负面影响从而导致损失，整体来看，目前我国追溯系统建设成果不尽如人意。

（三）收益分配

农产品供应链上的相关利益者作为"理性经济人"，其基本特征是所从事的经济活动都是利己的，力图以最小的经济代价获得最大的经济利益。也就是说，相关利益者通过压缩成本或提高价格来获得最大收益。李景山（2012）指出，正是经济利益的角逐使得部分企业丧失了社会责任，从而导致食品安全问题频现。安特尔（1995）认为，农产品质量安全控制需付出额外成本，如无相应激励机制弥补该成本，则相关利益者将没有动力提供安全农产品。Mhand（2010）通过实证研究得出农产品生产者具有来自市场的提高农产品质量安全的原动力，认为生产者对农产品进行安全控制的经济驱动来自市场的激励。汪普庆（2009）提出龙头企业可以通过实施"优质优价"策略来激励农户生产更安全、更高品质的蔬菜。彭建仿（2011）认为，合理的利益分配方式能够有效促进农户与企业共生合作关系的连续性、稳定性，从源头上实现安全农产品生产实施。随着我国经济体制转轨，集体、私营企业和个人开始以追求商业利润作为最重要的目标，产生了独立的商业利益诉求。供应链上基于质量的收入共享机制，使总体收益在供应链上下游成员间合理分配，各成员的质量投入能获得相应回报，将有效保障供应链上最终农产品的质量安全。

二　农产品质量安全微观影响因素

农产品在供应链上各个成员间传递，从生产、运输、配送到加工、包装、销售，最终到达消费者手中，供应链上每个成员的行为都可能影响农产品安全。基于微观角度，影响供应链成员质量安全行为的主要因素包括认知与意识、知识与技术、信誉。

（一）认知与意识

研究证明态度对行为有显著影响。Ajzen（1991，2002）指出，行为控制认知通过影响行为意向从而作用于行为。李哲敏（2012）认为，农产品生产经营主体的安全责任意识和素质是决定农产品质量安全的根本。因生产经营者的自律意识不强，掺杂使假、违规添加有毒有害物质等行为致使农产品不安全的现象屡见不鲜。而作为农产品生产者的小农户，因其受教育水平低、信息来源渠道少，引起了更多的关注。农户安全认知水平影响着农产品质量安全，王华书（2004）认为，农户农产品质量安全意识及认知程度直接影响他们的生产行为，而其行为则直接决定了农产品的质量安全水平。江激宇（2012）通过实证检验，发现农户的认知态度、安全生产行为的预期目标收益以及安全生产行为的认知和自我控制等心理行为因素是农户蔬菜质量安全行为选择的内在动力因素。除了农户认知外，还有学者研究了消费者认知对农产品质量安全的影响，如罗敏（2010）通过实证研究得出消费者对农产品质量安全的认知度显著地影响着农产品质量安全的高低，呈正相关关系。

（二）知识与技术

无论是农户，还是农产品加工企业，抑或是农产品物流服务商和销售商，都必须具备相关的农产品质量安全知识与技术以避免给农产品带来生物性或化学性污染。如农户需要掌握农药选择、化肥施用等安全生产知识和技术；加工企业须掌握加工工艺、设备选用等安全加工知识和技术；物流服务商须掌握产品保存、运输方式等安全储运知识和技术；销售商须掌握产品储存、品质保鲜等安全营销知识和技术。因农产品安全问题更多产生于种植、养殖阶段，故源头的安全控制技术成为研究重点。Schillhorn（2005）进行了关于农药残留控制技术对农产品质量安全影响的研究。Raspor（2008）认为，实施 GMP（good manufacturing practice）对从源头上保证农产品质量安全效果最好。李中东（2011）通过实证研究发现生产地环境保护类技术是目前影响农产品质量安全的中心问题。乔娟（2009）通过实证研究发现，文化程度越高，农户生产行为的质量安全水平越高。除了安全生产，农产品的安全储运也得到一部分学者的关注，如钱原铬（2011）指出，我国水果在贮藏过程中损耗达到 20%—25%，腐败变质的农产品经不法商贩违规加工处理并流通到市场，从而给消费者健康造成极大安全隐患，应发展农产品绿色贮藏技术，防止果蔬腐败变质。可以看到，供应链中的任何一个环节缺乏相应的专业知识和专业素养，都将加速农产品质量安全问题的产生。

（三）信誉

信誉机制是一种隐性激励，它是行为主体出于自己声誉和长期合作关系考虑自觉放弃眼前利益来限制自己的机会主义行为。夏皮罗（Shapiro，1983）认为，信誉机制能够促进生产者的自我规制行动。蒋永穆（2013）指出，在分散经营的情况下，因需求方对单个农户的身份辨识度极低，"声誉"对农户的约束力较弱，而在"公司＋合作组织＋农户"经营组织结构中，合作组织内部的声誉激励机制能够对农户行为形成有效约束。陆杉（2013）认为，企业想要建立和维护其农产品品牌的信誉，就必须保障质量安全。克罗斯曼（Grossman，1981）则提出，信誉机制可以用来解决食品安全问题，因为市场信誉机制可形成独特的高质量高价格的市场均衡，从而可以有效地保障食品安全。在我国现状下，绝大多数农产品是以"批发商＋农户"方式经由批发市场销售出去，农户和批发商之间多为一次或多次简单契约关系，交易完成则意味着关系终止，彼此之间还未建立起长期的合作关系，更谈不上建立品牌信誉，信誉机制在我国绝大多数的农产品供应链中尚未形成。

第三节　影响农产品质量安全宏观因素与中微观因素的关系评述

国内外对农产品质量安全研究源于农产品安全事件的频发，且更多地集中在政策面的描述和政府管理失灵分析上，强调农产品质量安全中的政府责任，后因农产品安全问题产生于供应链的不同环节，越来越多的学者开始意识到应从供应链视角进行农产品质量安全控制与管理，相关研究包括进行利益相关者认知和影响因素分析、成本收益分析以及实施信息追溯以确保其安全性，等等。通过对已有研究成果整理归纳可以看到，影响农产品质量安全的因素多且复杂。无论是存在于系统外的宏观影响因素——法律法规体系、标准体系、检验检测体系、监管体系；还是存在于系统内，即存在于供应链上及成员内部的中微观影响因素——供应链组织模式、信息传递、收益分配、认知与意识、知识与技术、信誉，都会对农产品质量安全产生影响。宏观因素与中微观因素不仅共同作用于农产品质量安全之上，它们彼此之间也相互影响，宏观因素会对中微观因素产生指导监督作用，中微观因素反过来也会对宏观因素产生作用，促使宏观因素的改进和修正。图 2-1 描述了农产品质量安全影响因素的构成。图 2-1 的下半部分为农产品供应链上质量安全形成的基本过程，在农产品供应链上，为保障质量安全，存在节点成员内部的认知与意识、知识与技术以及信誉。图 2-1 的上半部分为外部性支持资源，组织模式、信息传递和收益分配是供应链上的质量驱动要素。

宏观层面，法律法规体系、标准体系、检验检测体系和监管体系四位一体，缺一不可。法律法规的缺陷将致使政府监管无法可依，安全标准的缺失将导致质检人员检测时无据可查，检验检测人员的不足和手段的薄弱将产生大量"漏网之鱼"甚至可能为"不明真相"，而监管体制的不合理和监管部门的不作为更将致使法律法规和安全标准成为一纸空文，并使得检验检测结果遭遇"无用武之地"的尴尬。宏观影响因素作用于农产品

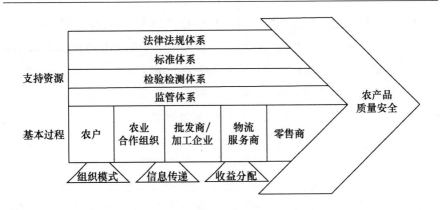

图 2-1　农产品质量安全影响因素模型

供应链上的各个节点成员，对节点成员的质量安全行为具有积极的指导、促进和监管作用。总体而言，宏观因素主要通过对供应链上所有成员不安全行为进行惩罚从而产生威慑来影响农产品质量安全，即是说通过行政手段影响供应链成员收益来保障安全。而其中完善的检验检测体系和监管体系还通过宣传、教育、引导、技术推广等手段对供应链中微观因素产生影响，如推动信息追溯系统建设，对农户进行教育、引导，加强农户安全生产意识，减少农户生产过程中的"败德行为"，并通过集中讲座、现场指导、远程教育等进行技术培训和指导，提高农户安全生产技术水平，使农户进行安全、高效、规范生产，进而保障农产品安全。可以看到，宏观因素通过中微观因素起作用。

中微观层面，供应链组织模式、信息传递、收益分配、认知与意识、知识与技术以及信誉彼此之间也相互关联、相互影响。合理的供应链组织模式将更有利于信息的追溯、认知的转变、技术的传播和信誉机制的发挥，如"农民合作组织 + 农户"生产组织模式中，农民合作组织相比于单个农户拥有更强的谈判力，从而使得农户在整个供应链的利益分配中能够获得更高的收益份额。而公司返租或"公司 + 农户"的交易组织模式中，因公司要维持自身信誉，将关注农产品的安全，从而促使公司将质量安全的思想灌输给农户，并教授农户相关的知识和技术，以确保农产品质量安全。无论在宏观影响要素与中微观影响要素内部还是它们之间，信息都起着重要的驱动作用，供应链系统外的宏观要素与供应链系统内的中微观要素，彼此之间通过信息交换相互作用、相互影响，使质量活动形成不断提升的循环。信息可以消除不确定性。供应链上信息交换的及时准确，可以减少逆向选择和道德风险问题，改善供应链上各节点的利益分配和权力结构，提高各节点成员及供应链整体绩效，保障质量安全。信息追溯有利于提高供应链下游销售企业的收益，而农户对农产品质量安全追溯体系及其作用有一定的认知之后，将会积极配合和自愿参与追溯体系的实施。另外，企业信誉将有利于其获得长期收益。

通过对农产品质量安全产生影响的宏观和中微观因素进行分析可以看出，在所有因素中，收益对于作为利益主体的供应链成员来说最为重要，多个影响因素都与收益相关。农产品质量安全获得的收益通过资金流分配到供应链上的各个节点，来自提升农产品质量安全所获得的额外收益，对于供应链上各方的质量安全行为最具有激励作用。另外，信息的传递是实现农产品"安全溢价"的基础，信息对供应链上各方的质量安全行为也具有重要作用。

第四节　本章小结

农产品质量安全问题已成为全社会关注焦点，学术界对其展开了广泛研究，也有了丰硕的研究成果。本章在对已有农产品质量安全相关文献进行分析汇总的基础上，提炼了农产品质量安全影响因素，包括4个宏观影响因素，分别为法律法规体系、标准体系、检验检测体系和监管体系；以及6个中微观影响因素，分别为供应链组织模式、信息传递、收益分配、认知与意识、知识与技术以及信誉。以上两方面因素，虽不能完全囊括所有影响因素，但是在农产品质量安全问题上，都能提供较为有力的解释，且诸多学者的理论研究和实证分析也证明了其科学性。并通过分析这些因素可以得到，对于以追求商业利润作为最重要目标的供应链上各利益主体来说，收益是最为重要的影响因素，而信息追溯作为获得"安全溢价"的基础和进行"寻根究责"的依据，对保障农产品质量安全也起着非常重要的作用。基于此，本书将在第三章考虑监管体系、供应链组织模式、信息传递、收益分配等影响因素，进行基于质量安全的"批发商+农户"供应链协调分析，探讨不同情形下批发商和农户的收益状况；第四章考虑法律法规体系、监管体系、信息传递、收益分配、认知与意识等影响因素，基于博弈理论，进行批发市场和供应商的最优收益策略选择；第五章考虑监管体系、信息传递、收益分配等影响因素，并考虑批发市场和供应商目标是追求更高收益，以此为基础假设，研究政府最优监管策略；第六章进行批发商主导型农产品质量安全可追溯系统建设。

第三章 基于收益与惩罚的农产品供应链质量安全控制与协调

安全农产品的预期收益对于农产品生产主体即农户来说具有非常重要的激励作用，然而现有文献多从实证角度进行经验研究，或采用静态博弈理论进行各方收益分析，很少有研究基于供应链质量契约协调机制来探讨农产品质量安全问题。鉴于我国农户具有数量庞大且分散生产、独立经营特点，单纯依靠政府对生产环节进行监管、补贴等手段来推动农产品安全，成本高、监管难度大。而通过供应链协调，可以使供应链成员都参与进来，从而以较低的供应链成本获得高质量的产品，已成为产品质量控制的一个新思路。本章研究由一个农户和一个批发商组成的二级供应链围绕单一同质农产品的消费者需求，在不合作情形、合作情形以及收益惩罚共享契约协调情形下的决策问题，通过比较，分析收益惩罚共享契约对农户安全生产决策和供应链成员利润的促进作用，并进一步探讨由两个农户和一个批发商组成的农产品供应链质量安全问题。

第一节 供应链协调相关理论

供应链是由供应商的供应商、供应商、核心企业、客户、客户的客户等大量子系统构成的复杂系统，由于企业与企业之间，以及企业内部的各要素之间，包括人员、设备、信息、技术、资金、原材料等都存在非线性关系，使得整个供应链系统也表现出非线性，即系统的输出不等于输入的线性叠加。当供应链协调时，将给整个供应链系统带来附加收益，此时整体系统的总效益大于系统中的各子系统效益的总和，就如古希腊哲学家在公元前三百年所指出的 "the whole is more than the sum of its part"。反之，当供应链不协调时，将给整个供应链系统带来附加损失，此时整体系统的总效益小于系统中的各子系统效益的总和。供应链失调主要表现为两个方面，一是供应链不同阶段不同节点成员的目标不一致、发生冲突，二是信息在供应链各节点成员间传递时发生扭曲，表现为信息不对称，从而导致各节点成员对需求预测的失真，最终引发"牛鞭效应"。

人们对供应链协调研究始于著名的"牛鞭效应"。"牛鞭效应"，即供应链下游微小的市场波动将造成上游制造商制造计划表现出极大不确定性现象，这一现象最初是在 1961 年由系统动力学专家福里斯特（Forrester）发现的。然而一开始这个发现并没有引起学术界的重视。直到 Lee 于 1997 年在《管理科学》（Management Science）上发表了有关"牛鞭效应"的论文后，学术界才真正地开始重视"牛鞭效应"，供应链协调研究也自此拉开序幕。

一　供应链协调的概念与分类

协调是系统稳定运行的基础。系统协调的目的就是期望通过某种方法或手段来组织或调控系统，使之从无序走向有序，以最大限度地增加输出的正面效应，降低负面效应。供应链是由不同主体构成的合作型系统，供应链上的每个成员作为独立的利益主体，有其自身的利益诉求，追求其自身利益的最大化，也因此常常导致与其他成员或与系统整体目标相冲突。供应链是典型的、需要进行协调的系统。

Simatupang（2002）对供应链协调的定义是联合（结合、协调、调整、联盟）供应链成员的一系列目标（行动、目的、决策、信息、知识、资金等）使之达到供应链目标。Romamo（2003）指出，协调是在供应链合作伙伴之间的决策、通信和交互的模式，可以帮助计划、控制和调整供应链中所涉及的物料、零部件、服务、信息、资金、人员和方法之间的交流，并且支持供应链网络中关键的经营过程。庄品（2004）则认为，供应链协调就是基于供应链成员之间物流、资金流和信息流等要素设计适当的协调激励机制，通过控制系统中的序参数，有效地控制系统的整体，使之从无序转换为有序，达到协同状态，从而在供应链成员之间建立战略性合作伙伴关系，合理分配利润，共同分担风险，提高信息共享程度，减少库存，降低总成本，最终实现系统的整体效益大于各部分子系统效益之和。从以上定义可以看到，供应链协调即是通过整合资源的手段，达到"整体"大于"部分之和"的目的。

对于供应链协调，国内外并没有统一的分类，很多学者都根据自己的研究内容和需要对其进行分类。如陈剑（2001）将供应链协调分为两个层次，一个层次是企业间的协调，即供应商、制造商和销售商之间的相互协调，另一个层次是企业内的协调，即供应商、制造商和销售商各自内部各种活动之间的协调。Solis（2001）把供应链协调分为功能内协调、功能间协调和企业间协调三类。托马斯（Thomas，1996）则认为，供应链包括采购、生产和配送三个阶段，因而供应链协调也有采购商—供应商协调、生产—配送协调以及库存—配送协调三种类型。

二　供应链协调机制

国内外对供应链协调机制的研究多关注两个方面：一是契约协调机制，即以契约理论为基础，通过设计各种供应链契约，达到供应链协调，包括批发价格契约、回购契约、数量柔性契约、销售回扣契约、数量折扣契约、收益分享契约、利润分享契约和两部定价契约，等等。二是信息协调机制，即研究信息共享在供应链协调中的作用，包括如何在供应链上实现信息共享，以及信息共享能够给供应链带来怎样的价值。

契约通常也被称为合约或合同，是指供应链中交易双方（事先）对未来不确定性的某种协议。契约协调机制即在给定的信息结构下，为供应链成员进行合作提供的制度安排。合理设计契约可以使供应链成员共担风险，共享收益，最终改善供应链整体和成员的绩效。基于契约的供应链协调已有大量研究成果，如 Bresnahan 和 Reiss（1985）的研究表明，在需求确定性条件下，只有在制造商收取批发价格等于其自身边际成本时，才能达成批发价格协调契约。Krishnan（2004）发现，在零售商于需求量确定前选择库存量并选择自身努力程度的假设下，仅仅只有回购合同无法实现渠道协同（降低渠道的双重边际加价），越高的商品回购价格导致越低的渠道利润。泰勒（Taylor，2002）在其研究中指出，当销售力度影响市场需求时，目标回扣契约能够达到供应链协调并实现"双赢"。Monhahan（1984）分析了供应商如何构建最佳数量折扣契约，以便最大限度提高供应商的增量净利润和现金流。Yao（2008）研究了由一个制造商和两个相互竞争的零售商组成的二级供应链，制造商作为 Stackelberg 领导者，在销售旺季前与这两个面临随机需求的零售商达成收益共享契约以进行供应链协调的问题。岳万勇（2012）研究了不确定需求下跨国供应链数量折扣问题，·基于全局协调求解出数量折扣率区间，并通过数值分析得到供应商提供数量折扣后，供应商和零售商利润拥有明显改进的结论。刘玉霜（2013）研究了由一个制造商与两个面临价格敏感和随机需求且相互竞争的零售商组成的两级供应链最优决策及契约协调问题，并指出当随机需求分布具有递增失败率时，竞争的零售商存在唯一最优的定价和订购决策。于丽萍（2010）通过纵向整合分析、纳什均衡分析与Stackelberg均衡分析，阐明了两部定价契约在由一个制造商和一个零售商构成的二级供应链中，对供应链协调及收益分配的作用，并确定了实现协调的契约参数与条件。

信息协调指的是为了不同主体或职能，通过合作实现某一结果而进行的信息交换。信息协调机制显示了信息在成员之间何时何地以何种方式在何种程度上共享。当供应链成员间的信息流通不畅时，就会加剧系统的不确定性。而当供应链成员能够整合各自信息，组成一体化的信息系统时，供应链系统信息的传递就会及时、通畅，从而提高系统的稳定性，降低整个系统运行成本。信息共享和协调能够减轻供应链上的"牛鞭效应"。Chu（2006）探讨了由制造商和零售商组成的供应链信息传递问题，他指出，当信息分享的成本太高时，则零售商不会进行信息分享，而若分享成本较低，则零售商会依据市场需求量的多少决定是否分享信息。Ozer（2006）研究了供应商和制造商之间如何确保可信的预测信息共享问题，并得出预先购买契约与回购协议相结合的情况下，即使信息不对称也能达到供应链协调。Gaur（2005）探讨了需求过程中的时间序列结构对供应链中信息共享价值的影响。王圣东（2012）研究了带有需求信息更新时间点决策的Newsvendor型产品供应链协调问题，并指出需求信息更新点决策能够提高供应链的整体运作绩效。汪俊萍（2008）建立了由一个制造商和一个销售商组成的供应链协调及最优价格折扣模型，制定了信息对称与不对称两种情形下供应链的协调机制。

最初供应链协调研究的目的就是协调和控制供应链成员间的物流、信息流、资金流，以降低成本、提高利润，并使协调后整个供应链获得的利益大于协调前各成员企业单独获得的利益之和。后来随着社会的发展，人们开始关注质量问题，将质量纳入供应链协调中的研究也日益增多。现有进行质量控制的供应链协调文献多采用契约协调机制，应用委托—代理理论、收益共享契约等进行分析。如Reyniers（1995）探讨了合作与非合作情形下基于质量管理的契约问题，考虑了供应商价格折扣、售后保修成本以及制造商检查策略的影响。吉尔伯特（Gilbert，2003）针对由一个供应商和一个采购商组成的供应链，提出通过供应链协调使采购商对供应商进行补贴以降低成本或改进质量，从而提高产品需求。Xie（2011）针对一两条竞争的由供应商和制造商组成的二层供应链，分析了供应链结构选择和质量改进策略机制。Lee（2013）指出，在质量不确定的情况下，渠道整合将导致比分散式供应链更少的订单数量及更低的检验准确率，并提出通过质量补偿合同来协调供应链，由制造商补偿因销售给顾客具有质量缺陷的产品而遭受损失的零售商。周明（2006）运用委托—代理理论，研究了供应链质量管理过程中合同设计问题对供应商质量预防决策和制造商质量检测决策的影响。尤建新（2010）基于委托—代理理论，考虑了供应商和购买商各自存在单边道德风险，以及存在双边道德风险三种情况下的质量合同设计。孟庆峰（2012）设计了批发价契约与收益共享契约相结合的菜单式合同，以激励供应商零部件质量改进，并引入公平偏好。李永飞（2012）研究了产品质量、价格、提前期相互竞争情况下的供应商与制造商非合作协调博弈问题。可以看到，已有利用契约进行供应链质量控制决策的文献多关注产品的结果满足要求的程度，注重产品质量的提升，而未涉及农产品质量安全这一基本民生需求条件下的供应链协调问题。农产品质量安全供应链协调将更关注于安全，即农产品对消费者不会产生危害与潜在危害，是人们所能够接受的底线。

第二节　农户—批发商交易农产品质量安全博弈模型

一　模型描述与基本假设

假设由一个农户和一个批发商组成的二级供应链中，交易的农产品具有同一单质性，即交易农产品的品种、规格等相同，且同为安全或不安全农产品。农户和批发商均为理性经济人，追求期望利润最大化。

批发商以单位价格 w 向农户订货，并以零售价 p 销售农产品。农户生产单位不安全农产品的成本是 c，若农户生产安全农产品，则单位农产品将增加质量安全成本 k，$k>0$。农户的质量努力为 η，η 有两个取值 0 或

1。农户生产不安全农产品时 $\eta = 0$，而农户生产安全农产品时 $\eta = 1$。农户和批发商进行长期交易，假设单期农产品的需求为 q，与肖迪和 Gurnani 中设定的需求函数类似，$q = \alpha - \beta p + \gamma \eta + \varepsilon$，$\alpha$，$\beta > 0$，$\gamma \geqslant 0$，且对农户和批发商均为共同知识。其中，$\alpha$ 为基本市场需求量，β 是价格变化对需求量的影响程度，γ 表示农产品质量安全对需求量的影响程度。

本书考虑市场上安全与不安全农产品同时销售情况，若批发商将农产品安全的质量信号传达给购买者，部分重视农产品安全的购买者接到信号后将从购买一般农产品转而购买安全农产品，此时有 $\gamma > 0$；而若农产品安全的质量信号没有传达给购买者，则农产品的安全性将对需求量不产生影响，此时有 $\gamma = 0$。ε 描述了市场需求的波动，均值为 0。$\alpha - \beta p > 0$，即 $\eta = 0$ 时，不考虑需求波动的情况下，市场需求量为正。这是符合实际情况的，鉴于我国批发市场的市场准入和抽检现状使得不安全农产品能够入场销售，加之多数不安全农产品每次导致的损害都是轻微的，短期难以察觉，长期难以认定，在农产品质量状态不明情况下，消费者难免有侥幸心理。因此，对于不安全农产品，批发商可将其作为一般农产品销售出去。暴露的农产品安全事件也证明，不安全农产品依旧具有市场。批发商经由批发市场销售农产品，接受批发市场与政府的抽检。批发商被批发市场与政府抽检到的概率为 λ，此时若销售的是不安全农产品，批发商将会受到政府罚款 F。

二　信息在农产品供应链质量安全控制与协调中的作用

信息的前向传递和逆向追溯在实现农产品供应链质量安全的控制与协调中扮演重要角色。农产品安全信息的前向传递将有助于提高安全农产品的市场需求量，使供应链整体期望利润增加。而安全信息的逆向追溯，则使得在契约协调情形下，农户能够分享安全农产品带来的收益增加和分担不安全农产品带来的惩罚损失。

第三节　农产品供应链决策模型

由上述模型假设可知，农户的期望利润 π_m 为：

$$\pi_m = E(q)(w - c - k\eta) \tag{3.1}$$

批发商的期望利润 π_w 为：

$$\pi_w = E(q)(p-w) - (1-\eta)F\lambda \tag{3.2}$$

供应链的整体期望利润 π 为：

$$\pi = E(q)(p-c-k\eta) - (1-\eta)F\lambda \tag{3.3}$$

其中，$E(q) = \alpha - \beta p + \gamma\eta$。供应链决策可分为三种情况，下面针对每种情况分别建立模型。

一 农户和批发商不合作情形

该情形下农户和批发商的期望利润如（3.1）式、（3.2）式所示。由农户先决策，确定是否努力 η 和批发价格 w，再由批发商根据农户决策结果确定零售价格 p。根据逆向归纳法首先考虑批发商决策，由（3.2）式可得：

$$\frac{\partial \pi_w}{\partial p} = -2\beta p + \alpha + \gamma\eta + \beta w = 0 \tag{3.4}$$

对（3.4）式变换可得不合作情形下，批发商的最优零售价格 $p^* = \frac{\alpha + \gamma\eta + \beta w}{2\beta}$，将 p^* 代入 q 可得批发商的最优订货量 $q^* = \frac{\alpha + \gamma\eta - \beta w}{2}$。

接下来，考虑农户的决策，将 q^* 代入（3.1）式，根据一阶条件由（3.1）式可得：

$$\frac{\partial \pi_m}{\partial w} = -\beta w + \frac{\alpha + \gamma\eta + \beta(c+k\eta)}{2} = 0 \tag{3.5}$$

对（3.5）式变换可得不合作情形下，农户的最优批发价格 $w^* = \frac{\alpha + \gamma\eta + \beta(c+k\eta)}{2\beta}$。将 w^* 代入 p^* 和 q^*，最终得到 $p^* = \frac{3(\alpha+\gamma\eta) + \beta(c+k\eta)}{4\beta}$，$q^* = \frac{\alpha + \gamma\eta - \beta(c+k\eta)}{4}$。此时农户、批发商和供应链整体期望利润分别为：

$$\pi_m^* = \frac{[\alpha + \gamma\eta - \beta(c+k\eta)]^2}{8\beta}$$

$$\pi_w^* = \frac{[\alpha + \gamma\eta - \beta(c+k\eta)]^2}{16\beta} - (1-\eta)F\lambda$$

$$\pi^* = \frac{3[\alpha + \gamma\eta - \beta(c+k\eta)]^2}{16\beta} - (1-\eta)F\lambda$$

可以得到：

$$\pi_m^* \Big|_{\eta=1} = \frac{[\alpha + \gamma - \beta(c+k)]^2}{8\beta}$$

$$\pi_w^* \Big|_{\eta=1} = \frac{[\alpha + \gamma - \beta(c+k)]^2}{16\beta}$$

$$\pi^* \Big|_{\eta=1} = \frac{3\left[\alpha + \gamma - \beta(c+k)\right]^2}{16\beta}$$

$$\pi_m^* \Big|_{\eta=0} = \frac{(\alpha - \beta c)^2}{8\beta}$$

$$\pi_w^* \Big|_{\eta=0} = \frac{(\alpha - \beta c)^2}{16\beta} - F\lambda$$

$$\pi^* \Big|_{\eta=0} = \frac{3(\alpha - \beta c)^2}{16\beta} - F\lambda$$

命题 3.1　农户和批发商不合作情形下，若满足：

$$\frac{(\gamma - \beta k)^2 + 2(\alpha - \beta c)(\gamma - \beta k)}{8\beta} > 0 \qquad (3.6)$$

农户将生产安全农产品，反之则生产不安全农产品。

证明： 由 $\pi_m^* \Big|_{\eta=1} - \pi_m^* \Big|_{\eta=0} = \frac{(\gamma - \beta k)^2 + 2(\alpha - \beta c)(\gamma - \beta k)}{8\beta}$ 可知，当

满足（3.6）式时，$\pi_m^* \Big|_{\eta=1} > \pi_m^* \Big|_{\eta=0}$，作为理性经济人的农户将生产安全农产品，反之，农户将生产不安全农产品。证毕。

对（3.6）式做进一步讨论。由 $\alpha - \beta p > 0$ 且 $p > c$，可以得到 $\alpha - \beta c > 0$。若 $\gamma - \beta k > 0$，则必满足（3.6）式。若 $\gamma - \beta k < 0$，要满足（3.6）式，则需 $\beta > \frac{2\alpha + \gamma}{k + 2c}$，又 $\alpha - \beta p + \gamma > 0$，$\alpha - \beta c > 0$ 且 $p > c + k$，可以推知 $\beta > \frac{2\alpha + \gamma}{k + 2c}$ 不成立。所以要满足（3.6）式，需使得 $\gamma - \beta k > 0$，即 $\beta < \frac{\gamma}{k}$。然而，在我国现状下，广大消费者对农产品价格波动反应敏感，安全意识有待提高，绝大多数情况下 β 值较大而 γ 值较小，从而致使 $\beta < \frac{\gamma}{k}$ 不成立。

二　农户和批发商合作情形

农户和批发商合作意味着由他们组成的二级供应链是一个"理想化"组织，此时农户和批发商以供应链整体收益最大化为目标协同决策：

$$\max_{p,\eta} \quad \pi = E(q)(p - c - k\eta) - (1 - \eta)F\lambda \qquad (3.7)$$

根据一阶条件由（3.7）式可得：

$$\frac{\partial \pi}{\partial p} = -2\beta p + \alpha + \gamma\eta + \beta(c + k\eta) = 0 \qquad (3.8)$$

对（3.8）式变换可得合作情形下，批发商的最优零售价格 $p^{**} =$

$\dfrac{\alpha + \gamma\eta + \beta(c+k\eta)}{2\beta}$，将 p^{**} 代入 q 可得批发商的最优订货量 $q^{**} =$

$\dfrac{\alpha + \gamma\eta - \beta(c+k\eta)}{2}$。此时供应链整体期望利润为：

$$\pi^{**} = \frac{[\alpha + \gamma\eta - \beta(c+k\eta)]^2}{4\beta} - (1-\eta)F\lambda$$

可以得到：

$$\pi^{**}\Big|_{\eta=1} = \frac{[\alpha + \gamma - \beta(c+k)]^2}{4\beta}$$

$$\pi^{**}\Big|_{\eta=0} = \frac{(\alpha - \beta c)^2}{4\beta} - F\lambda$$

命题 3.2　农户和批发商合作情形下，若满足：

$$\frac{(\gamma - \beta k)^2 + 2(\alpha - \beta c)(\gamma - \beta k)}{4\beta} + F\lambda > 0 \tag{3.9}$$

农户将生产安全农产品；反之则相反。

命题 3.2 的证明与命题 3.1 类似，故略去。

三　收益惩罚共享契约协调情形

使用收益惩罚共享契约时，销售农产品产生的收益以及因销售不安全农产品而遭受的惩罚由双方共享，批发商获得收益及遭受惩罚的共享比例为 $\theta(0 < \theta < 1)$，农户共享比例为 $1 - \theta$。供应链成员按照下列顺序决策：

首先，批发商提出收益惩罚共享比例 θ；

其次，农户决定是否努力 η 和批发价格 w；

最后，批发商根据农户决策结果确定零售价格 p。

进行收益惩罚共享契约协调时，农户的期望利润 π_m 为：

$$\pi_m = E(q)[(1-\theta)p + w - c - k\eta] - (1-\theta)(1-\eta)F\lambda$$

批发商的期望利润 π_w 为：

$$\pi_w = E(q)(\theta p - w) - \theta(1-\eta)F\lambda$$

同理，根据逆向归纳法求得进行收益惩罚共享契约协调时，批发商的最优零售价格 p^{***}、批发商的最优订货量 q^{***} 和农户的最优批发价格 w^{***} 如下：

$$p^{***} = \frac{(1+2\theta)(\alpha + \gamma\eta) + \beta(c+k\eta)}{2\beta(1+\theta)}$$

$$q^{***} = \frac{\alpha + \gamma\eta - \beta(c+k\eta)}{2(1+\theta)}$$

$$w^{***} = \frac{(a+\gamma\eta)\theta^2 + \beta\theta(c+k\eta)}{\beta(1+\theta)}$$

依据 p^{***}、q^{***} 和 w^{***} 计算得到，此时农户、批发商和供应链整体期望利润分别为：

$$\pi_m^{***} = \frac{[a+\gamma\eta-\beta(c+k\eta)]^2}{4\beta(1+\theta)} - (1-\theta)(1-\eta)F\lambda$$

$$\pi_w^{***} = \frac{\theta[\alpha+\gamma\eta-\beta(c+k\eta)]^2}{4\beta(1+\theta)^2} - \theta(1-\eta)F\lambda$$

$$\pi^{***} = \frac{(1+2\theta)[\alpha+\gamma\eta-\beta(c+k\eta)]^2}{4\beta(1+\theta)^2} - (1-\eta)F\lambda$$

可以得到：

$$\pi_m^{***}\big|_{\eta=1} = \frac{[\alpha+\gamma-\beta(c+k)]^2}{4\beta(1+\theta)}$$

$$\pi_w^{***}\big|_{\eta=1} = \frac{\theta[a+\gamma-\beta(c+k)]^2}{4\beta(1+\theta)^2}$$

$$\pi^{***}\big|_{\eta=1} = \frac{(1+2\theta)[a+\gamma-\beta(c+k)]^2}{4\beta(1+\theta)^2}$$

$$\pi_m^{***}\big|_{\eta=0} = \frac{(a-\beta c)^2}{4\beta(1+\theta)} - (1-\theta)F\lambda$$

$$\pi_w^{***}\big|_{\eta=0} = \frac{\theta(a-\beta c)^2}{4\beta(1+\theta)^2} - \theta F\lambda$$

$$\pi^{***}\big|_{\eta=0} = \frac{(1+2\theta)(a-\beta c)^2}{4\beta(1+\theta)^2} - F\lambda$$

命题 3.3 农户和批发商达成收益惩罚共享契约协调情形下，若满足：

$$\frac{(\gamma-\beta k)^2 + 2(a-\beta c)(\gamma-\beta k)}{4\beta(1+\theta)} + (1-\theta)F\lambda > 0 \tag{3.10}$$

农户将生产安全农产品；反之则相反。

命题 3.3 的证明与命题 3.2 类似，故略去。

通过分析供应链整体期望利润和农户安全生产决策条件，可以得到：

命题 3.4 $\pi^*\big|_{\eta=1} < \pi^{***}\big|_{\eta=1} < \pi^{**}\big|_{\eta=1}$，$\pi^*\big|_{\eta=0} < \pi^{***}\big|_{\eta=0} < \pi^{**}\big|_{\eta=0}$

证明： 由 $\dfrac{\partial\pi^{***}\big|_{\eta=1}}{\partial\theta} = -\dfrac{\theta[a+\gamma-\beta(c+k)]^2}{2\beta(1+\theta)^3} < 0$ 可知 $\pi^{***}\big|_{\eta=1}$ 是 θ 的减函

数，又 $0 < \theta < 1$，所以 $\dfrac{3 \left[a + \gamma - \beta \left(c + k \right) \right]^2}{16\beta} < \pi^{***} \big|_{\eta=1} < \dfrac{\left[a + \gamma - \beta \left(c + k \right) \right]^2}{4\beta}$，

即 $\pi^* \big|_{\eta=1} < \pi^{***} \big|_{\eta=1} < \pi^{**} \big|_{\eta=1}$。同理可得，$\pi^* \big|_{\eta=0} < \pi^{***} \big|_{\eta=0} < \pi^{**} \big|_{\eta=0}$。证毕。

由命题 3.4 可知，进行协调时，供应链收益相比于合作时虽有所降低，但相比于不合作时有所提高。

命题 3.5　供应链的一体化程度越高，其提供安全农产品的可能性越高。

证明：当农户和批发商不合作、合作以及协调三种情形下，分别满足（3.6）式、（3.9）式、（3.10）式时，农户将选择生产安全农产品。依据

$$\dfrac{(\gamma - \beta k)^2 + 2(\alpha - \beta c)(\gamma - \beta k)}{8\beta} < \dfrac{(\gamma - \beta k)^2 + 2(\alpha - \beta c)(\gamma - \beta k)}{4\beta(1 + \theta)} + (1 - \theta)F\lambda <$$

$\dfrac{(\gamma - \beta k)^2 + 2(\alpha - \beta c)(\gamma - \beta k)}{4\beta} + F\lambda$ 可知，供应链一体化程度越高，农产品安全生产的条件越可能被满足，提供安全农产品的可能性越高。证毕。

命题 3.6　农户和批发商不合作情形下，若农户选择安全生产，则批发商不会进行收益惩罚共享契约协调。农户和批发商不合作及合作情形下，若农户都选择不安全生产，即使能够达成共享契约，农户依旧提供不安全农产品。

证明：农户和批发商不合作情形下，农户选择安全生产，意味着一定满足（3.6）式，此时若进行收益惩罚共享契约协调，则一定满足（3.9）式，即农户必定选择安全生产。而协调情形下，$\pi_w^{***} \big|_{\eta=1} = \dfrac{\theta \left[a + \gamma - \beta(c + k) \right]^2}{4\beta(1 + \theta)^2} = \dfrac{\left[a + \gamma - \beta(c + k) \right]^2}{4\beta(2 + \frac{1}{\theta} + \theta)}$，又 $0 < \theta < 1$，式 $\dfrac{1}{\theta} + \theta$ 的极小

值收敛到 2，所以有 $\pi_w^{***} \big|_{\eta=1} < \pi_w^* \big|_{\eta=1}$，作为理性经济人的批发商将不会进行收益惩罚共享契约协调。

农户和批发商不合作及合作情形下，农户都选择不安全生产，则意味着 $\dfrac{(\gamma - \beta k)^2 + 2(a - \beta c)(\gamma - \beta k)}{4\beta} + F\lambda < 0$，此时必有

$\dfrac{(\gamma - \beta k)^2 + 2(a - \beta c)(\gamma - \beta k)}{4\beta(1 + \theta)} + (1 - \theta)F\lambda < 0$，所以即使能够达成共享契约，农户依旧提供不安全农产品。证毕。

最后，考虑批发商的最优收益惩罚共享比例 θ，可以得到在收益惩罚

共享契约下，有如下结论：

命题 3.7　$\forall \theta \in (\underline{\theta}_s,\ min(\overline{\theta}_s,\ \theta'))$ 可以保证在收益惩罚共享契约下农户和批发商的利润都能达到帕累托改进，并使得农户选择安全生产。θ 的大小取决于农户和批发商的实力或谈判能力。若批发商实力绝对大于农户实力，批发商将在达成安全生产共享契约时 θ 的取值范围内取上限，以实现其自身利润的最大化。其中，$\underline{\theta}_s$、$\overline{\theta}_s$ 和 θ' 分别满足下列三式：

$$\pi_w^{***}\mid_{\eta=1}(\underline{\theta}_s) = \pi_w^{*}\mid_{\eta=0}(\underline{\theta}_s)$$

$$\pi_m^{***}\mid_{\eta=1}(\overline{\theta}_s) = \pi_m^{*}\mid_{\eta=0}(\overline{\theta}_s)$$

$$\pi_m^{***}\mid_{\eta=1}(\theta') = \pi_m^{***}\mid_{\eta=0}(\theta')$$

证明：由命题 3.6 可知，只有在不合作情形下，农户选择生产不安全农产品，批发商才会进行收益惩罚共享契约协调。所以农户和批发商达成安全生产共享契约协调必须满足农户和批发商的参与约束，即只有协调后批发商的利润高于不合作情形下农户选择不安全生产时批发商所获得的利润，批发商才会提出收益惩罚共享契约，此时 $\theta > \underline{\theta}_s$；协调后农户生产安全农产品的利润高于不合作时利润，农户才会接受契约，此时 $\theta < \overline{\theta}_s$。另外，若要达成安全生产共享契约，则需满足农户的激励相容约束，即协调时生产安全农产品的利润高于生产不安全农产品的利润，此时 $\theta < \theta'$。所以，$\forall \theta \in (\underline{\theta}_s,\ min(\overline{\theta}_s,\ \theta'))$ 使农户和批发商的利润都能达到帕累托改进，并使得农户选择安全生产。

由 $\dfrac{\partial \pi_w^{***}\mid_{\eta=1}}{\partial \theta} = \dfrac{(1-\theta)(a+\gamma-\beta c)^2}{4\beta(1+\theta)^3} > 0$ 可知，$\pi_w^{***}\mid_{\eta=1}$ 是 θ 的增函数，即随着批发商收益惩罚共享比例 θ 的增加，批发商的收益不断提高。所以，若批发商实力绝对大于农户实力，批发商将在达成安全生产契约时 θ 的范围内取 θ 的上限以获得更高收益。证毕。

此外，由 $\dfrac{\partial \pi_m^{***}\mid_{\eta=1}}{\partial \theta} = -\dfrac{[\alpha+\gamma-\beta(c+k)]^2}{4\beta(1+\theta)^2} < 0$，$\dfrac{\partial \pi^{***}\mid_{\eta=1}}{\partial \theta} =$

$-\dfrac{\theta[\alpha+\gamma-\beta(c+k)]^2}{2\beta(1+\theta)^3} < 0$ 可知，$\pi_m^{***}\mid_{\eta=1}$ 和 $\pi^{***}\mid_{\eta=1}$ 是 θ 的减函数，在其他参数不变条件下，随着 θ 的增加，农户及整个供应链的收益不断降低。

命题 3.8　$\forall \theta \in (max(\underline{\theta}_{us},\ \theta'),\ \overline{\theta}_{us})$ 使得在收益惩罚共享契约下农

户和批发商的利润都能达到帕累托改进，此时农户选择不安全生产。若批发商实力绝对大于农户实力，且 $\hat{\theta} \in (\max(\underline{\theta}_{us}, \theta'), \overline{\theta}_{us})$，批发商将取 $\hat{\theta}$ 以实现其自身利润的最大化，否则批发商的最优收益惩罚共享比例 θ 将在其取值范围的两端获得。其中 $\underline{\theta}_{us}$、$\overline{\theta}_{us}$ 和 $\hat{\theta}$ 分别满足下列三式：

$$\pi_w^{***} \mid_{\eta=0} (\underline{\theta}_{us}) = \pi_w^{*} \mid_{\eta=0} (\underline{\theta}_{us})$$

$$\pi_m^{***} \mid_{\eta=0} (\overline{\theta}_{us}) = \pi_m^{*} \mid_{\eta=0} (\overline{\theta}_{us})$$

$$\frac{(1 - \hat{\theta})(\alpha - \beta c)^2}{4\beta(1 + \hat{\theta})^3} - F\lambda = 0$$

证明： 农户和供应商达成不安全生产共享契约协调需满足农户和批发商的参与约束，以及农户的激励相容约束。因此与命题3.7类似，$\forall \theta \in (\max(\underline{\theta}_{us}, \theta'), \overline{\theta}_{us})$，使农户和批发商的利润都能达到帕累托改进，且此时农户选择不安全生产。

而当达成不安全生产共享契约协调时，由于 $\dfrac{\partial^2 \pi_w^{***} \mid_{\eta=0}}{\partial \theta^2} = -\dfrac{(2 - \theta)(\alpha - \beta c)^2}{2\beta(1 + \theta)^4} < 0$，所以 $\pi_w^{***} \mid_{\eta=0}$ 是关于收益惩罚共享比例 θ 的凹函数，其最大值在 $\dfrac{\partial \pi_w^{***} \mid_{\eta=0}}{\partial \theta} = \dfrac{(1 - \theta)(\alpha - \beta c)^2}{4\beta(1 + \theta)^3} - F\lambda = 0$ 时取得。当 $\hat{\theta} \in (\max(\underline{\theta}_{us}, \theta'), \overline{\theta}_{us})$ 时，批发商将取 $\hat{\theta}$ 以实现其自身利润的最大化，而当 $\hat{\theta} \notin (\max(\underline{\theta}_{us}, \theta'), \overline{\theta}_{us})$ 时，θ 将在其取值范围内呈现出单调递增或递减趋势，若批发商实力绝对大于农户实力，批发商将取 θ 的上限或下限以获得最大利润。证毕。

此外，由 $\dfrac{\partial \pi_m^{***} \mid_{\eta=0}}{\partial \theta} = -\dfrac{(\alpha - \beta c)^2}{4\beta(1 + \theta)^2} + F\lambda$，$\dfrac{\partial^2 \pi_m^{***} \mid_{\eta=0}}{\partial \theta^2} = \dfrac{(\alpha - \beta c)^2}{2\beta(1 + \theta)^3} > 0$ 可知，$\pi_m^{***} \mid_{\eta=0}$ 是关于批发商收益惩罚共享比例 θ 的凸函数，而由 $\dfrac{\partial \pi^{***} \mid_{\eta=0}}{\partial \theta} = -\dfrac{\theta(\alpha - \beta c)^2}{2\beta(1 + \theta)^3} < 0$ 可知，$\pi^{***} \mid_{\eta=0}$ 是 θ 的减函数。

第四节　数值算例

一　算例计算

为了了解收益惩罚共享契约协调的效果、安全生产契约达成的条件，以及各参数对达成契约的影响，本节通过算例进行分析。以生菜为例，每公斤生菜的生产成本是 0.6 元；安全农产品的生产成本投入，包括产地环境保护成本投入、标准化技术成本投入和安全投入品投入，将会导致成本上升约 50%，因此，生菜生产的安全成本为 0.3 元；通过对昆明市呈贡区 2013 年 4 月 1 日至 9 月 30 日期间的生菜外销量和相关价格数据进行拟合，可以得到单个批发商的 α 值为 12000 公斤，β 值为 3500 公斤；又因县市不同，政府和批发市场对农产品的抽检概率在 0—30% 之间波动，政府对检测结果不安全的农产品，将没收销毁，并处 2000 元以上 20000 元以下的罚款，所以，本算例中，取生菜的相关参数为：$\alpha = 12000$，$\beta = 3500$，$c = 0.6$，$F = 7000$，$\lambda = 0.2$，$k = 0.3$，并使 $\gamma \in [0, 1200]$，又在我国现状下，相对于批发商，农户处于弱势地位，本算例中假定批发商拥有足够实力取得使其利润达到最大化的收益惩罚共享比例。下面分析批发商占优时，改变农产品质量安全对需求量的影响程度 γ，农户与批发商不合作、合作以及收益惩罚共享契约协调情形下，各方的最优利润、批发商的最优收益惩罚共享比例 θ 以及农产品安全状况，其中共享契约协调情形分为农户进行安全生产和不安全生产两种情况。

表 3 - 1　批发商占优时 γ 对不同情境下收益惩罚共享比例、
供应链成员及总利润影响

γ	不合作				协调（$\eta = 1$）				协调（$\eta = 0$）				合作	
	η	π_m	π_w	π	θ	π_m	π_w	π	θ	π_m	π_w	π	η	π
0	0	3500	350	3850	—	—	—	—	0.423	4111	870	4981	0	5601
200	0	3500	350	3850	0.422	4114	1221	5335	0.423	4111	870	4981	1	5850
400	0	3500	350	3850	0.604	3810	1435	5245	0.604	3810	798	4608	1	6112
600	0	3500	350	3850	0.745	3655	1561	5216	0.745	3655	670	4325	1	6379
800	0	3500	350	3850	0.866	3565	1654	5219	0.866	3565	529	4094	1	6652
1000	0	3500	350	3850	0.974	3511	1732	5243	0.974	3511	386	3897	1	6930
1200	1	3607	1804	5411	—	—	—	—	—	—	—	—	1	7214

由表 3 – 1 可知，农户与批发商不合作与合作情形下，若农户都选择生产不安全农产品，即 $\eta = 0$，则供应链进行契约协调时，农户只可能生产不安全农产品。而农户与批发商不合作情形下，$\eta = 0$，合作情形下，$\eta = 1$，则契约协调时，农户既可能生产安全农产品，也可能生产不安全农产品，农户的具体选择行为依赖批发商提出的收益惩罚共享比例。表中阴影数字为批发商选择的 θ 以及各方收益。可以看到 $\gamma = 200$ 时，$\pi_w^{***}|_{\eta=1} > \pi_w^{***}|_{\eta=0}$，批发商将提出收益惩罚共享比例 $\theta = 0.422$，农户将生产安全农产品。需要注意的是，当 $\gamma = 400$、600、800 和 1000 时，批发商的最优收益惩罚共享比例相同，此时农户生产安全和不安全农产品的收益相等，农户在生产安全和不安全农产品之间是无差异的，然而农产品安全与否却会导致批发商收益有较大差距，因此作为理性经济人的批发商将提出略低于 0.604、0.745、0.866 和 0.974 的收益惩罚共享比例，以促使农户选择生产安全农产品。当 $\gamma = 1200$ 时，即使在不合作情形下，农户仍旧选择生产安全农产品，此时批发商不进行收益惩罚共享契约协调。由上述分析可知，整体而言，γ 越大，越有利于促使农户生产安全农产品。

另外，由表 3 – 1 可知，虽然与合作情形相比，采用收益惩罚共享契约对供应链整体利润的改善还有一定差距，然而与不合作情形相比，采用共享契约能够使农户和批发商的收益都有所提高。当 $\gamma \in [200, 1200]$ 时，批发商选择较低的收益惩罚共享比例，农户选择安全生产，并且随着 γ 的增大，θ 也不断增大。也就是说，随着 γ 的增大，批发商的收益惩罚共享比例不断增大，可以看到，采用收益惩罚共享契约所得的收益增加绝大部分被批发商获得了。这主要是因为批发商实力绝对大于农户实力，从而使得批发商能够取得最优收益惩罚共享比例，以最大限度提高自己的收益，农户无论如何确定 w 都无法获得很大收益。

除农产品质量安全对需求量的影响程度外，政府惩罚无疑对农产品安全性状况具有极大的改善作用。其他参数不变，令 $\gamma = 1000$，$F\lambda = [0, 2200]$。下面分析改变 $F\lambda$，农户与批发商不合作、合作以及收益惩罚共享契约协调情形下，各方的最优利润、批发商的最优收益惩罚共享比例 θ 以及农产品安全状况。

表 3-2　　　　批发商占优时 $F\lambda$ 对不同情境下收益惩罚共享比例、
供应链成员及总利润影响

$F\lambda$	不合作				协调（$\eta=1$）				协调（$\eta=0$）				合作	
	η	π_m	π_w	π	θ	π_m	π_w	π	θ	π_m	π_w	π	η	π
0	0	3500	1750	5250	—	—	—	—	1	3500	1750	5250	0	7001
200	0	3500	1550	5050	0.805	3839	1712	5551	0.826	3799	1569	5368	1	6930
600	0	3500	1150	4650	0.939	3574	1731	5305	0.939	3574	1185	4759	1	6930
1000	0	3500	750	4250	0.964	3529	1732	5261	0.964	3529	786	4315	1	6930
1400	0	3500	350	3850	0.974	3511	1732	5243	0.974	3511	386	3897	1	6930
1800	0	3500	-50	3450	0.98	3500	1732	5232	0.98	3500	-14	3486	1	6930
2200	0	3500	-450	3050	0.98	3500	1732	5232	—	—	—	—	1	6930

从表 3-2 可以看出，只有当 $F\lambda=0$ 时，批发商与农户达成共享契约，此时农户生产不安全农产品。而当 $F\lambda\geqslant200$ 时，为获得更高收益，作为理性经济人的批发商将会选择较小的 θ，农户将生产安全农产品。也就是说，随着 $F\lambda$ 的增大，批发商更愿意促使农户进行安全生产以避免受到政府处罚。另外，还可以看到，当 $F\lambda$ 达到 2200 时，农户迫于所分担的惩罚压力，将不会生产不安全农产品，不安全生产共享契约无法达成。整体而言，$F\lambda$ 越大，越有利于促使农户生产安全农产品。

由表 3-2 可知，农户和批发商达成安全生产共享契约时，随着 $F\lambda$ 的增大，批发商收益惩罚共享比例 θ 不断增大。当 $F\lambda\geqslant1800$ 时，θ 值将保持不变，此时农户的收益和不合作情形下的收益相同。批发商为获得更高收益，可以提出略低于 0.98 的收益惩罚共享比例，以期能够与农户达成契约，并促使其进行安全生产。可以看到，批发商实力绝对大于农户实力情况下，随着 $F\lambda$ 的增大，收益惩罚共享契约在改善农产品安全状况的同时，虽使农户和批发商的收益都较不合作情形有所增加，然而采用契约所增加的收益却几乎全部被批发商获得。

接下来，考察质量安全成本 k 对不同情形下各方的利润、收益惩罚共享比例 θ 以及农产品安全状况的影响。令其他参数不变，$\gamma=1000$，$k=[0.1,0.7]$。

表 3 – 3 批发商占优时 k 对不同情境下收益惩罚共享比例、
供应链成员及总利润影响

k	不合作				协调 ($\eta=1$)				协调 ($\eta=0$)				合作	
	η	π_m	π_w	π	θ	π_m	π_w	π	θ	π_m	π_w	π	η	π
0.1	1	3975	1988	5963	—	—	—	—	—	—	—	—	1	7950
0.2	1	3716	1858	5574	—	—	—	—	—	—	—	—	1	7431
0.3	0	3500	350	3850	0.974	3511	1732	5243	0.974	3511	386	3897	1	6930
0.4	0	3500	350	3850	0.777	3628	1586	5214	0.777	3628	635	4263	1	6446
0.5	0	3500	350	3850	0.521	3932	1347	5279	0.521	3932	847	4779	1	5980
0.6	0	3500	350	3850	—	—	—	—	0.423	4111	870	4981	0	5600
0.7	0	3500	350	3850	—	—	—	—	0.423	4111	870	4981	0	5600

从表 3 – 3 可以看出，随着 k 的增大，不合作情形下，农户将由生产安全农产品转变为生产不安全农产品。进行契约协调和合作情形下也具有同样趋势。整体而言，k 越大，越不利于促使农户生产安全农产品。

由表 3 – 3 还可知，若农户和批发商进行安全生产共享契约协调，则随着 k 的增大，θ 不断减小，批发商的收益不断降低，农户收益不断提高。这可能是因为农户的质量安全成本越大，批发商为能够达成安全生产共享契约，将提出更低的收益惩罚共享比例，做出更多的让利，从而使得农户获得更高的收益。

二 相关分析

通过对以上算例进行分析可以看到，γ 和 $F\lambda$ 越大，越有利于促使农户生产安全农产品；k 越大，越不利于促使农户生产安全农产品。然而，在我国现状下，γ 和 $F\lambda$ 的值较小，k 值却较大。γ 较小主要由两个原因造成：一是信息沟通不畅，使得消费者无法区分安全农产品与不安全农产品；二是消费者对农产品价格表现敏感，安全意识有待提高。$F\lambda$ 较小则是因为政府的抽检概率很小，而批发市场基于招揽客户、不愿得罪客户的心理，对检测结果不合格的农产品，较少采用处罚机制。安全成本方面，除了标准化技术、安全投入品成本等带来的人力、物力、财力成本的额外增加，致使 k 较大，对于超小规模的农户而言，安全知识和技术的获得成本也会导致 k 值的提升。

另外，由该算例还可知，收益惩罚共享契约能够使得农户和批发商之间实现较为深入的信息共享和信息追溯，这对于农户与批发商之间进行安全协调、农户进行安全生产无疑有积极促进作用，能够有效提升农产品的质量安全水平。

第五节　两个农户和一个批发商组成的农产品供应链质量安全分析

在现实中，一个批发商所收购的生鲜农产品往往并不只来自一个农户，需考虑由两个农户和一个批发商组成的二级供应链及其农产品的质量安全状况。本书只探讨批发商和农户在不合作以及契约协调情形下农产品安全问题，不涉及农户同时生产安全或不安全农产品时的价格竞争。

一　模型假设

批发商区分安全与不安全农产品，以单位价格 w_s 向生产安全农产品的农户订货，以零售价 p_s 将安全农产品销售出去，并以单位价格 w_{us} 向生产不安全农产品的农户订货，以零售价 p_{us} 将不安全农产品销售出去。农户生产单位不安全农产品的成本是 c，若农户生产安全农产品，则单位农产品将增加质量安全成本 k，$k>0$。批发商将不安全农产品作为一般农产品销售出去，当批发商既销售不安全农产品又销售安全农产品时，安全农产品的引入将使得其农产品需求量增长 γ，并且安全农产品的定价越低，具有足够经济能力购买安全农产品的消费者越多，安全农产品所占的市场份额越大，相应地不安全农产品所占的市场份额越小。根据这一特征，可以构造出安全农产品的市场需求量为 $q_s = \alpha - \beta p_s + \gamma + \varepsilon$，不安全农产品的市场需求量为 $q_{us} = \beta(p_s - p_{us}) + \varepsilon$，$\alpha$、$\beta$ 和 ε 的含义同前。安全农产品的定价不仅会影响总的市场需求，而且会影响两种农产品的相对市场份额。批发商经由批发市场销售农产品，接受批发市场与政府的抽检。批发商被批发市场与政府抽检到的概率为 λ，且因其销售不安全农产品，批发商将受到政府罚款 F。

二　农户和批发商不合作情形

由上述模型假设可知，生产安全农产品的农户期望利润 π_s 为：

$$\pi_s = E(q_s)(w_s - c - k) \tag{3.11}$$

生产不安全农产品的农户期望利润 π_{us} 为：

$$\pi_{us} = E(q_{us})(w_{us} - c) \tag{3.12}$$

批发商的期望利润 π_w 为：

$$\pi_w = E(q_s)(p_s - w_s) + E(q_{us})(p_{us} - w_{us}) - F\lambda \tag{3.13}$$

其中，$E(q_s) = \alpha - \beta p_s + \gamma$，$E(q_{us}) = \beta(p_s - p_{us})$。

由农户先决策，确定批发价格 w_s 和 w_{us}，再由批发商根据农户决策结果确定零售价格 p_s 和 p_{us}。根据逆向归纳法首先考虑批发商决策，易知 (3.13) 式的海塞矩阵为：

$$H = \begin{bmatrix} \dfrac{\partial^2 \pi_w}{\partial p_s^2} & \dfrac{\partial^2 \pi_w}{\partial p_s \partial p_{us}} \\[4mm] \dfrac{\partial^2 \pi_w}{\partial p_{us} \partial p_s} & \dfrac{\partial^2 \pi_w}{\partial p_{us}^2} \end{bmatrix} = \begin{bmatrix} -2\beta & \beta \\ \beta & -2\beta \end{bmatrix}$$

因 $H = \begin{bmatrix} -2\beta & \beta \\ \beta & -2\beta \end{bmatrix} = 3\beta^2 > 0$ 且 $-2\beta < 0$，海塞矩阵为负定，目标函数为凹函数，故 (3.13) 式关于变量 p_s、p_{us} 能达到最大值且最大值在偏导数等于零的点。对 (3.13) 式分别关于变量 p_s、p_{us} 求偏导，并联立方程可得：

$$p_s^* = \frac{2(\alpha + \gamma) + 2\beta w_s - \beta w_{us}}{3\beta}, p_{us}^* = \frac{\alpha + \gamma + \beta(w_s + w_{us})}{3\beta}$$

将 p_s^* 和 p_{us}^* 分别代入 (3.11) 式、(3.12) 式，可得农户的最优批发价格分别为：

$$w_s^* = \frac{5(\alpha + \gamma) + 10\beta c + 8\beta k}{15\beta}, w_{us}^* = \frac{5(\alpha + \gamma) + 10\beta c + 2\beta k}{15\beta}$$

将 w_s^* 和 w_{us}^* 代入 p_s^* 和 p_{us}^*，最终得到 $p_s^* = \dfrac{35(\alpha + \gamma) + 10\beta c + 14\beta k}{45\beta}$，

$p_{us}^* = \dfrac{5(\alpha + \gamma) + 4\beta c + 2\beta k}{9\beta}$。此时，生产安全农产品的农户、生产不安全农产品的农户以及批发商的期望利润分别为：

$$\pi_s^* = \frac{2[5(\alpha + \gamma) - 5\beta c - 7\beta k]^2}{675\beta}$$

$$\pi_{us}^* = \frac{2[5(\alpha + \gamma) - 5\beta c + 2\beta k]^2}{675\beta}$$

$$\pi_w^* = \frac{4[2(\alpha + \gamma) - 2\beta c - \beta k][5(\alpha + \gamma) - 5\beta c - 7\beta k]}{405\beta}$$

$$+ \frac{4[5(\alpha + \gamma) - 5\beta c + 2\beta k]^2}{2025\beta} - F\lambda$$

可以看到，在由两个农户和一个批发商组成的二级供应链中，若农户和批发商不合作，则恒有 $\pi_s^* < \pi_{us}^*$，生产安全农产品农户的期望利润将小于生产不安全农产品农户的期望利润。这意味着，当批发商区分安全与不安全农产品，并将所收购的安全与不安全农产品分别卖出时，生产不安全农产品的农户相比于生产安全农产品的农户拥有更高的期望利润，生产安全农产品的农户作为理性经济人，经过收益对比后将转而生产不安全农产品。

三　收益惩罚共享契约协调情形

同一个农户和一个批发商组成的二级供应链类似，使用收益惩罚共享契约时，销售农产品产生的收益以及因销售不安全农产品而遭受的惩罚由双方共享，批发商获得收益及遭受惩罚的共享比例为 $\theta(0 < \theta < 1)$，农户的共享比例为 $1 - \theta$。供应链成员按照下列顺序决策：首先，批发商提出收益惩罚共享比例 θ；其次，生产安全农产品的农户决定批发价格 w_s，生产不安全农产品的农户决定批发价格 w_{us}；最后，批发商以零售价格 p_s 销售安全农产品，以零售价格 p_{us} 销售不安全农产品。

进行收益惩罚共享契约协调时，生产安全农产品的农户期望利润 π_s 为：

$$\pi_s = E(q_s)[(1 - \theta)p_s + w_s - c - k] \tag{3.14}$$

生产不安全农产品的农户期望利润 π_{us} 为：

$$\pi_{us} = E(q_{us})[(1 - \theta)p_{us} + w_{us} - c] - (1 - \theta)F\lambda \tag{3.15}$$

批发商的期望利润 π_w 为：

$$\pi_w = E(q_s)(\theta p_s - w_s) + E(q_{us})(\theta p_{us} - w_{us}) - \theta F\lambda \tag{3.16}$$

其中，$E(q_s) = \alpha - \beta p_s + \gamma$，$E(q_{us}) = \beta(p_s - p_{us})$。

同理，根据逆向归纳法求得进行收益惩罚共享契约协调时，批发商安全农产品和不安全农产品最优零售价格，以及农户安全农产品和不安全农产品最优批发价格如下：

$$p_s^{***} = \frac{\theta(\alpha + \gamma)(12\theta^2 + 17\theta + 6) + 2\beta\theta c(2\theta + 3) + 2\beta\theta k(4\theta + 3)}{3\beta\theta(4\theta^2 + 7\theta + 4)}$$

$$p_{us}^{***} = \frac{\theta(\alpha + \gamma)(12\theta^2 + 11\theta + 2) + 2\beta\theta c(5\theta + 5) + 2\beta\theta k(4\theta + 1)}{3\beta\theta(4\theta^2 + 7\theta + 4)}$$

$$w_s^{***} = \frac{\theta(\alpha+\gamma)(12\theta^2+7\theta-4)+2\beta\theta c(7\theta+8)+2\beta\theta k(8\theta+4)}{3\beta(4\theta^2+7\theta+4)}$$

$$w_{us}^{***} = \frac{\theta(\alpha+\gamma)(12\theta^2+5\theta-2)+2\beta\theta c(8\theta+7)+2\beta\theta k(4\theta-1)}{3\beta(4\theta^2+7\theta+4)}$$

依据 p_s^{***} 、p_{us}^{***} 、w_s^{***} 和 w_{us}^{***} 计算得到，此时生产安全农产品的农户、生产不安全农产品的农户以及批发商的期望利润分别为：

$$\pi_s^{***} = \frac{[(\alpha+\gamma)(2\theta^2+7\theta+6)-\beta c(\theta^2+7\theta+6)-\beta k(4\theta^2+11\theta+6)][(\alpha+\gamma)(4\theta+6)-2\beta c(2\theta+3)-2\beta k(4\theta+3)]}{9\beta(4\theta^2+7\theta+4)^2}$$

$$\pi_{us}^{***} = \frac{[(\alpha+\gamma)(6\theta^2+7\theta+2)-\beta c(6\theta^2+7\theta+2)+2\beta k(2\theta+1)][(\alpha+\gamma)(6\theta+4)-2\beta c(3\theta+2)+4\beta k]}{9\beta(4\theta^2+7\theta+4)^2}-(1-\theta)F\lambda$$

$$\pi_w^{***} = \frac{\theta[(\alpha+\gamma)(10\theta+10)-2\beta c(5\theta+5)-2\beta k(4\theta+1)][(\alpha+\gamma)(4\theta+6)-2\beta c(2\theta+3)-2\beta k(4\theta+3)]}{9\beta(4\theta^2+7\theta+4)^2}+$$

$$\frac{\theta[(\alpha+\gamma)(6\theta+4)-2\beta c(3\theta+2)+4\beta k]^2}{9\beta(4\theta^2+7\theta+4)^2}-\theta F\lambda$$

可以看到，在由两个农户和一个批发商组成的二级供应链中，若农户和批发商进行收益惩罚共享契约协调，则生产安全农产品农户期望利润与生产不安全农产品农户期望利润的差值依赖 α、β、γ、c、k、θ、F、λ 等多种因素影响，且 γ 和 $F\lambda$ 越大，k 越小，生产安全农产品农户的期望利润越大而生产不安全农产品农户的期望利润越小。当满足 $\pi_s^{***} > \pi_{us}^{***}$ 时，生产不安全农产品的农户作为理性经济人，将转而生产安全农产品，当满足 $\pi_s^{***} < \pi_{us}^{***}$ 时，生产安全农产品的农户作为理性经济人，将转而生产不安全农产品，而当满足 $\pi_s^{***} = \pi_{us}^{***}$ 时，农户将随机选择生产安全或不安全农产品。相比于农户和批发商不合作情形下，生产安全农产品的农户必将转为生产不安全农产品而言，农户和批发商进行收益惩罚共享契约协调时，无疑其提供安全农产品的可能性将增大。

第六节　本章小结

本章在简述供应链协调的概念、分类和机制基础上，结合农产品质量安全问题，建立了由一个农户和一个批发商组成的农产品供应链质量安全协调模型，探讨了农户和批发商不合作、合作以及使用收益惩罚共享契约三种情形下供应链成员的博弈均衡，分析了收益惩罚共享契约对农产品供应链成员利润及农产品安全状况的影响，并得出以下主要结论：

第一，只有在农户和批发商不合作情形下，而农户选择生产不安全农产品时，批发商才会进行收益惩罚共享契约协调。

第二，随着供应链一体化程度提高，其提供安全农产品的可能性增大。

第三，整体而言，γ 和 $F\lambda$ 越大，越有利于促使农户生产安全农产品；k 越大，越不利于促使农户生产安全农产品。若期望农户和批发商达成安全生产收益惩罚共享契约，则需使 γ 和 $F\lambda$ 高于一定水平，k 低于一定水平，以使 $\pi_w^{***}\big|_{\eta=1} > \pi_w^{***}\big|_{\eta=0}$，否则农户和批发商将达成不安全生产收益惩罚共享契约。

第四，当农户与批发商达成安全生产共享契约时，若批发商实力绝对大于农户实力，随着 γ 和 $F\lambda$ 的增大、k 的减小，批发商收益惩罚共享比例 θ 不断增大，批发商收益不断提高，采用收益惩罚共享契约所获得的收益增加逐渐被批发商获得，农户利润虽稍有提高，但其利润份额却大幅下降。

此外，本章进一步探讨了由两个农户和一个批发商组成的农产品供应链质量安全问题。通过分析得到，当农户和批发商不合作时，生产安全农产品的农户必将转为生产不安全农产品，此时供应链将提供不安全农产品。随着供应链一体化程度的提高，即农户和批发商进行收益惩罚共享契约协调时，若 γ 和 $F\lambda$ 高于一定水平、k 低于一定水平以能满足 $\pi_s^{***} > \pi_{us}^{***}$，则生产不安全农产品的农户将转为生产安全农产品，供应链提供安全农产品的可能性增大。

第四章　基于农产品质量安全的批发市场与供应商博弈分析

　　农产品源头生产一旦发生安全问题，将会导致不安全性在农产品供应链上传递，且因这种不安全性在传递过程中很难消除，所以人们多关注于在生产环节进行农产品安全控制。然而事实上，流通环节的管理对保障农产品质量安全也至关重要，农户和经销商的收益来自农产品的流通，流通环节的安全要求是生产环节的导向标，能够引导农户进行安全生产。20世纪90年代，我国政府提出农产品批发市场遵循"谁投资，谁管理，谁受益"的建设方针，不仅有效促进了农产品市场数量的快速增长，形成了全国性批发市场网络，而且促使农产品进行快速流通，充分满足了人们对农产品的需要，保证了农民收入持续稳定增长。在我国，70%以上的农产品经批发市场参与流通，批发市场已成为我国农产品流通的主渠道和中心环节。也正因如此，批发市场在农产品安全管理中扮演着一个重要角色，政府已认识到其重要作用，并在《中华人民共和国农产品质量安全法》中明确了批发市场的安全管理职能，规定了禁止销售的农产品范围，要求批发市场设立或委托农产品质量安全检测机构，对进入市场销售的农产品进行抽查检测；发现不符合农产品质量安全标准的，要求销售者立即停止销售，并向农业行政主管部门报告。然而，近年来经由批发市场销售的农产品所爆发的质量安全事件屡见不鲜，"毒豇豆"、"毒韭菜"、"毒生姜"以及最近发生"毒西瓜"事件暴露出农产品安全问题中政府监管和批发市场管理具有缺陷。认识缺陷产生的原因，明确政府和批发市场在保障农产品安全中的位置和作用，将有效杜绝此类事件的再次发生，确保人们的健康和生命安全。

　　本章通过构建政府监管下批发市场和供应商博弈模型，分析批发市场农产品安全事件频发原因，进而引入对批发市场的罚金和供应商及批发市场的额外收益，以改变批发市场和供应商的最优策略，促进市场上所销售农产品质量安全状况的提升。

第一节　博弈论研究概述

博弈论，是研究决策主体行为发生直接相互作用时的决策以及这种决策均衡问题的理论，它开始于 1944 年由冯·诺依曼（Von Neumann）和摩根斯坦（Morgenstern）合著的《博弈论与经济行为》一书，在经历了20 世纪 50 年代约翰·纳什（John Nash）提出的纳什均衡、60 年代莱因哈德·泽尔滕（Reinhard Selten）提出的子博弈完美纳什均衡、约翰·C.海萨尼（John C. Harsanyi）提出的贝叶斯纳什均衡以及 70 年代莱因哈德·泽尔滕提出的完美贝叶斯纳什均衡之后，于 20 世纪 80 年代进入发展繁荣期。这一时期，国内外众多专家学者就合作博弈与非合作博弈展开了广泛研究，获得了喜人成就，博弈论也逐渐成为主流经济学的一部分。并且伴随着主流博弈论的发展，一些非主流博弈论分支，如军事博弈、非数理博弈、演化博弈、行为博弈以及量子博弈等，也得到了较为广泛的应用。

一　传统博弈论基础

（一）博弈论的相关概念和要素

博弈论的基本概念包括参与人、行动、信息、战略、支付（效用）、结果和均衡。其中，参与人、战略和支付是描述一个博弈必需的要素，而行动和信息是"积木"。参与人、行动和结果统称为"博弈规则"。"参与人"是博弈中的决策主体，可以是自然人，也可以是团体，为理性经济人。其拥有可供选择的行动和自身"偏好"，并基于"偏好"通过选择行动或战略最大化于自己的支付（效用）水平。"行动"是参与人在博弈某个时点的决策变量。"信息"是参与人有关博弈的知识，特别是有关"自然"的选择、其他参与人的特征和行动的知识。"战略"是参与人在给定信息集情况下的行动规则。"支付"是指一个特定的战略组合下参与人得到的确定或期望效用水平。"结果"是博弈分析者所感兴趣的所有东西，如均衡战略组合、均衡行动组合等。"均衡"是所有参与人的最优战略组合。

一个完整的博弈包含以下四个要素：

（1）参与人，也叫博弈方或局中人。博弈必定是在两个和两个以上参与人之间进行的竞争与合作，没有参与人就没有博弈的存在。随着参与人的增多，情况也随之变得复杂，博弈结果也更难以预料。

（2）策略空间。每个参与人必定有其自身的策略空间，也称为战略，是博弈方各自可选择的全部策略或行为的集合。参与人根据不同情况，在其策略集合中进行选择。每个博弈方可选的策略数量越多，博弈越复杂。

（3）行动次序。是参与人行动的先后顺序。两个或多个参与人可能同时行动，也可能按照某种顺序先后行动。相同的参与人和策略空间，不同的行动次序，将会导致博弈结果大相径庭。

（4）支付，也称为收益，是参与人策略实施后的结果，其值可能为正，也可能为负。收益是促使参与人选择某种策略的关键参考值。理性的参与人总是选择能使自己获得最大收益的策略。

通常来说，在确定了博弈参与人、每个参与人的策略空间、参与人行动的先后顺序和参与人的支付之后，一个博弈也随之确定。

（二）博弈论分类

按照参与人是否合作，博弈论可划分为合作博弈和非合作博弈。合作博弈和非合作博弈的区别在于人们行为相互作用时，当事人能否达成一个具有约束力的协议。如果有就是合作博弈，反之，就是非合作博弈。现在探讨的博弈论，通常是指非合作博弈。

按照参与人行动的先后顺序，博弈论可划分为静态博弈和动态博弈。静态博弈是指博弈中的参与人同时选择行动或虽非同时选择但后行动者并不知道先行动者采取了什么具体行动。动态博弈是指在博弈中，参与人的行动有先后顺序，且后行动者能够观察到先行动者所选择的行动。

按照参与人对其他参与人的特征、战略空间和支付函数了解程度，博弈论可划分为完全信息博弈和不完全信息博弈。完全信息博弈是指参与人对所有其他参与人的特征、战略空间和支付函数有完全、准确的了解，否则就是不完全信息博弈。

综合上述两个角度的划分，可以得到四种不同类型的博弈，如表 4 - 1 所示。

表 4 - 1　　　　　　　　　博弈的分类即对应的均衡概念

信息＼行动顺序	静态	动态
完全信息	完全信息静态博弈 （纳什均衡）	完全信息动态博弈 （子博弈精炼纳什均衡）
不完全信息	不完全信息静态博弈 （贝叶斯纳什均衡）	不完全信息动态博弈 （精炼贝叶斯纳什均衡）

二　演化博弈理论研究

考虑对现实经济生活中的参与人来讲，很难实现参与人的完全理性，因而人们提出了演化博弈理论。演化博弈理论认为，在复杂环境中主体没有足够能力去选择最佳策略以最大化他们的收益，此时主体通常会根据它掌握的局部信息采取启发式方法，做出令其满意的决策，主体是有限理性的。演化博弈理论着重研究有限理性的主体如何随着时间推移在不断重复博弈过程中通过自适应地学习来优化收益，其融合了动态演化过程和博弈理论，区别于传统静态分析——比较静态分析，其中重要的概念是演化稳定策略 ESS 和复制动态概念。

（一）演化稳定策略

演化稳定策略也叫进化稳定策略，是指如果占群体绝大多数的个体选择演化稳定策略，那么小的突变者群体就不可能侵入这个群体。或者说，在自然选择压力下，突变者要么改变策略而选择进化稳定策略，要么退出系统而在进化过程中消失。此时演化稳定策略必将获得比突变群体更高的支付。

如果对任何策略 $y \neq x$，存在某个 $\overline{\varepsilon}_y \in (0, 1)$ 使得不等式 $u[x, \varepsilon y + (1 - \varepsilon)x] > u[y, \varepsilon y + (1 - \varepsilon)x]$ 对所有的 $\varepsilon \in (0, \overline{\varepsilon}_y)$ 都成立，那么 $x \in \Delta$ 是一个演化稳定策略。

其中，$u(x, y)$ 为效用函数，又称"期望支付"。假定 x 为大群体反应策略，y 为突变策略，$u(x, x)$ 为大群体选择反应策略 x 时，选择策略 x 的博弈方与虚拟博弈方博弈时所得到的期望支付；$u(x, y)$ 为大群体选择反应策略 x 时，选择策略 y 的突变者与虚拟博弈方博弈时所得到的期望支付。Δ 为群体中个体博弈时的支付矩阵，$x \in \Delta$ 是演化稳定策略，y 表示突变策略，$\overline{\varepsilon}_y$ 为一个与突变策略 y 的有关常数，称之为侵入边界，$\varepsilon y +$

$(1-\varepsilon)x$表示选择演化稳定策略群体与选择突变策略群体所组成的混合群体。

从定义可以看出，当系统处于演化稳定状态，即群体选择演化稳定策略时所处的状态时，除非有来自外部的强大冲击，系统将不会偏离演化稳定状态，这意味着系统会"锁定"于该状态。定义的直观意思就是，当一个系统处于演化稳定均衡的吸引域范围之内时，它就能够抵抗来自外部的小冲击。演化稳定策略虽是一个静态概念，却描述了系统的局部也即是吸引域内的动态性质。

（二）复制动态

一般的演化过程都包括两个可能的行为演化机制：选择机制和突变机制。演化博弈理论需要解决的关键问题就是如何描述群体行为的这种选择机制和突变机制。博弈理论家对群体行为调整过程进行了广泛而深入的研究，且由于他们考虑问题角度不同，提出了不同的动态模型。到目前为止，在演化博弈理论中应用最多的还是由泰勒和琼克（Jonker，1978）在对生态现象进行解释时首次提出描述单群体动态调整过程的模仿者动态，其复制动态的微分形式为：

$$\frac{\mathrm{d}x_i}{\mathrm{d}t} = [u(s_i,\ x) - u(x,\ x)]x_i$$

其中，$u(s_i,\ x)$表示群体个体进行随机匿名匹配时，群体中选择纯策略s_i的个体所得到的期望支付。$u(x,\ x) = \sum x_i u(s_i,\ x)$表示群体平均期望支付。$t$代表时间，$\frac{\mathrm{d}x_i}{\mathrm{d}t}$代表$x_i$对时间$t$的导数。如果一个选择纯策略$s_i$的个体得到的支付少于群体平均支付，那么选择纯策略$s_i$的个体增长率为负；如果一个选择纯策略$s_i$的个体得到的支付多于群体平均支付，那么选择纯策略$s_i$的个体增长率为正；如果个体选择纯策略$s_i$所得到的支付等于群体平均支付，则选择纯策略的个体增长率为零。

三　基于农产品质量安全的博弈分析

自20世纪40年代以来，博弈理论已广泛应用于经济学、政治学、生物学、军事战略、外交等领域，而将博弈理论应用到农产品质量安全研究则最早可追溯至2001年学者Mazé的文献。在该文献中，Mazé分析了欧洲农产品质量安全与农产品治理结构的关系，并首次提出合理利用博弈理论能够全面提升农产品质量的观点。其后，陆续有学者采用博弈理论进行农产品质量安全研究，如罗敏（2010）采用经典博弈论指出只要生产者与消费者、生产者与生产者、生产者和政府之间存在农产品质量信息不对称，就会导致生产者生产低质量农产品，从而导致全社会的农产品质量安全下降。陈小霖（2007）采用演化博弈论构建了农产品供给方和消费者演化博弈模型，得出农产品供应链市场的演化相图以及在每一个平衡点的演化稳定特性。樊斌（2012）基于有限理性，应用演化博弈理论的复制动态机制分析乳制品加工企业隐蔽违规行为的长期演化趋势，并表明影响乳制品加工企业行为的影响因素为政府监督查处的力度和强度、消费者信任度、企业生产技术和设备以及乳制品加工市场准入条件。尹巍巍（2009）建立了由奶农、奶站、乳品生产企业、销售企业和消费者组成的供应链质量安全静态博弈模型，并通过求解得到乳品供应链上各主体的最优混合策略。刘万利（2005）建立了猪肉产品供应链中养猪户和屠宰加工企业的博弈模型，并得出养猪户和屠宰加工企业二者各自利益最大化的行为临界点。

可以看到，目前已有的农产品安全博弈研究多为供应链上成员主体与政府之间或成员主体彼此之间的博弈分析，较少涉及批发市场之类的流通管理主体。

第二节　批发市场农产品安全管理理论分析

农产品质量安全虽多由生产环节决定，但其价值却在流通中得以体现。消费者作为流通环节的购买终端，其支付意愿影响着供应链上源头农户和中间经销商收益。整体而言，消费者对于安全农产品拥有更高的支付意愿，安全信息的通畅有利于农产品"安全溢价"的实现，从而可以有效激励经销商重视农产品安全，并促使农户生产安全农产品。批发市场作为我国农产品流通主渠道的关键环节，将生产环节和其他流通主体连接起来，是物流和信息流的集散点，也最能经济地实现农产品安全信息的收集和传播，预防农产品质量安全问题的发生。

一　基于交易费用的批发市场农产品安全管理

从交易费用经济学角度分析，批发市场作为农产品物流和信息流交会点，由批发市场进行农产品安全管理可以节约购买者安全信息收集和沟通的交易成本。农产品的安全品质具有信用品属性,难以为肉眼辨识,多数不合格农产品每次导致的损害都是轻微的,短期内难以察觉,长期内难以认定。基于此,单纯依靠购买者自身力量收集农产品安全信息,成本高、难度大,也不利于信息在其他购买者之间进行传递。批发市场作为管理方收集相关安全信息相较于单个购买者具有更强的实力和天然的便利,而此信息又可以较低的成本传达给所有购买者,提高信息使用效率的同时,将农产品由信用品转化为经验品,加强购买者对安全农产品的识别能力,从而消除不安全农产品最终流入消费者"菜篮子"引起安全事件的潜在危险。

二 基于管制的批发市场农产品安全管理

从管制经济学角度分析,政府将主要的安全监管资源集中于批发市场,将会比监管其他相对分散的主体来得更有效力,所花费的管制成本也最小。而批发市场在政府的监管压力下,为维护声誉、降低风险,必将加强对入场交易供货商的监督管理,在基于利益分清责任归属的同时,保障了入场销售农产品的安全性。

三 基于信息的批发市场农产品安全管理

从信息经济学角度分析,批发市场进行农产品安全管理,通过提供农产品安全信息发出可靠的质量信号,而购买者收到此质量信号后,确认更高的价格可以获得更大的效用,从而愿意为所购买的农产品提供"安全溢价"。如此一来,供应商能获得更高收益,而批发市场也可以分享农产品安全带来的额外利润以获得更高收益。

由此可见,从节约消费者交易成本和政府管制费用角度出发,由批发市场进行农产品安全管理是最具经济性的选择。而从实现信息对称、形成农产品"安全溢价"的角度出发,批发市场自身为获得更高收益,也具备进行农产品安全管理的动力。自 2006 年《农产品质量安全法》颁布以后,我国也有部分学者开始重视批发市场对农产品安全的管理作用,如叶俊焘(2010)结合我国目前农产品质量安全管理的实践,系统地提出了以批发市场为核心的农产品质量安全追溯系统的建设思路,并进行了理论分析。刘雯等(2011)认为,农产品批发市场在食品安全保障、农产品价格稳定、城乡协调发展以及政府突发事件应急调控等方面都面临新的挑战,并认为公益性农产品批发市场应该成为中国农产品批发市场的发展方向。这些研究或者从实证角度进行经验研究,或者进行理论上的描述性分析，虽然任燕（2011）通过静态博弈模型分析了政府和企业（市场）进行食品安全监管和控制的行为决策过程，但并未深入研究批发市场主体安全经营行为与政府监管行为、供应商重视农产品安全行为之间的博弈关系以及不同行为对各自决策的影响。有鉴于此，本书基于博弈理论，试图分别构建政府监管下农产品批发市场和供应商静态博弈及演化博弈模型，探讨批发市场和供应商为完全理性和有限理性情形下的行为选择，以使分析结果更具现实意义，并为更好地保障批发市场上农产品的质量安全提出建议。

第三节　批发市场农产品质量安全静态博弈模型的构建与分析

一　农产品质量安全静态博弈模型表述

批发市场农产品安全问题涉及政府、批发市场和农产品供应商。本书农产品供应商是指入场销售农产品的农户或农产品批发商。保障农产品安全是政府的基本职责，然而，在我国现状下，各类市场大小不一、数量繁多，政府没有足够的资源对所有批发市场中的农产品进行监管。在资源有限的情况下，政府只有抽取市场上一定比例的供应商进行农产品安全检测，对于检测结果显示不合格的农产品进行销毁，对其供应商没收违法所得并处以罚款。批发市场有责任和义务保障其场内销售农产品的安全性，然而农产品市场的企业化经营方式，使得批发市场经营的首要目的是追求利润，从而导致农产品批发市场只关心实现盈利的基本功能，而对其保障农产品安全的公益性功能缺乏动力。批发市场收益来源于供应商交纳的相关费用，市场惧怕客源的流失，实证调查结果显示市场实施不合格农产品处罚机制的频率很低，批发市场有两个策略方案可供选择：（1）规范管理，即利用自检设备或委托检测机构对入场销售的农产品进行抽检，禁止不合格农产品进入市场，并如实上报上级政府，依法对不合格农产品进行销毁、罚款。（2）不规范管理，即不进行抽检，此时市场中可能有不合格农产品销售。农产品供应商可以选择两个策略：（1）重视农产品安全，若该供应商为经销商，则经销商将积极与农户合作并对其进行管理从而使农户生产安全农产品。（2）不重视农产品安全，提供不安全农产品。参与博弈的批发市场和供应商都是理性经济人，他们的行为指导原则是利益最大化原则，双方主体同时行动，且决策时其他博弈方的信息已为其所知。

二 农产品质量安全静态博弈模型假设

假设一：农产品批发商如果提供不安全农产品，批发市场、政府监管部门只要抽检就能查出来。

假设二：供应商进场进行农产品交易，其销售农产品获得收益为 E_S，批发市场获得供应商交纳的摊位费、入场费等相关费用为 E_M。

假设三：农产品供应商如果重视农产品安全，就能为社会提供安全农产品。农产品供应商重视农产品安全的成本为 C_S。

假设四：农产品供应商如果不重视农产品安全，则会提供不安全农产品。当批发市场进行规范管理时，其检测不合格的结果将被市场监管方上报上级政府，供应商不得入场交易并受到政府处罚 P_S。批发市场规范管理的成本为 C_M。而当批发市场进行不规范管理时，供应商可以入场交易，此时政府若抽检到该供应商并发现其违规提供了不安全农产品，将会对该供应商进行处罚 P_S，而若政府未抽检到该供应商，则其收益为 E_M。

假设五：批发市场内供应商被政府抽检到的概率为 p，农产品供应商重视农产品安全的概率为 p_S，批发市场进行规范管理的概率为 p_M。

基于上述条件可知，在批发市场进行规范管理的情况下：

若供应商重视农产品安全，则批发市场的收益为 $E_M - C_M$，供应商的收益为 $E_S - C_S$。

若供应商不重视农产品安全，因批发市场将不合格结果上报给政府，上级政府将没收并销毁不合格农产品，并对供应商进行处罚，所以供应商的收益为 $-P_S$，而因供应商不得入场，批发市场将损失掉供应商交纳的费用且因进行检测付出成本，所以批发市场的收益 $-C_M$。

在批发市场进行不规范管理情况下：

若政府未抽检到该供应商，而供应商重视农产品安全，因批发市场不用付出相应的检测成本，所以批发市场的收益为 E_M，供应商的收益为 $E_S - C_S$。

若政府未抽检到该供应商，而供应商不重视农产品安全，因批发市场不用付出相应的检测成本，而供应商也不用付出安全成本，所以批发市场的收益为 E_M，供应商的收益为 E_S。

可以得到政府未抽检到该供应商时，批发市场和供应商博弈支付矩阵见表 4-2。

表4-2 政府未抽检到时双方博弈支付矩阵

批发市场＼供应商	重视农产品安全	不重视农产品安全
规范管理	$E_M - C_M$，$E_S - C_S$	$-C_M$，$-P_S$
不规范管理	E_M，$E_S - C_S$	E_M，E_S

若政府抽检到该供应商，而供应商重视农产品安全，因批发市场不用付出相应检测成本，所以，批发市场的收益为 E_M，又因供应商提供的是安全农产品，所以政府不会对其进行处罚，供应商收益为 $E_S - C_S$。

若政府抽检到该供应商，而供应商不重视农产品安全，因批发市场不用付出相应检测成本，且供应商进场销售交纳了相关费用，所以，批发市场的收益为 E_M，而供应商因提供的是不安全农产品，政府将会没收其违法所得并对其进行处罚，供应商收益为 $-P_S$。

可以得到政府抽检到该供应商时，批发市场和供应商博弈支付矩阵见表4-3。

表4-3 政府抽检到时双方博弈支付矩阵

批发市场＼供应商	重视农产品安全	不重视农产品安全
规范管理	$E_M - C_M$，$E_S - C_S$	$-C_M$，$-P_S$
不规范管理	E_M，$E_S - C_S$	E_M，$-P_S$

由供应商被政府监管部门抽检到的概率为 p，可得批发市场和供应商的期望支付矩阵，如表4-4所示。

表4-4 政府监管下双方博弈支付矩阵

批发市场＼供应商	重视农产品安全	不重视农产品安全
规范管理	$E_M - C_M$，$E_S - C_S$	$-C_M$，$-P_S$
不规范管理	E_M，$E_S - C_S$	E_M，$(1-p)E_S - pP_S$

在表 4－4 的博弈矩阵中，供应商重视农产品安全时，无论批发市场是否进行规范管理，供应商收益不变，也就是说，批发市场规范管理、供应商重视，并未使供应商获得安全溢价，这与我国现状相符。现今，在我国绝大多数批发市场还未建立安全信息发布渠道，购买者无法确认所买农产品的安全性，信息不对称阻碍了农产品"安全溢价"的实现。另外，该博弈矩阵中还可以看出，当政府查出批发市场中有不安全农产品销售时，虽会处罚销售不安全农产品的供应商，却不会因此对批发市场进行罚款，这也与我国现状一致。虽然《农产品质量安全法》第五十条规定农产品批发市场违反该法相关规定的，责令改正，处二千元以上二万元以下罚款，但实际操作中，政府对批发市场的罚款多基于市场是否设立或者委托了农产品质量安全检测机构这一事实本身，而因检测出市场内有不安全农产品销售而对批发市场进行罚款的较少。2008 年商务部印发的《农产品批发市场食品安全操作规范（试行）》也只规定市场应检测无有效质量证明文件的产品，对具有有效质量证明文件的产品没做具体要求。而事实上，市场准入环节对产品产地证明和质量检测合格证明的考察一般起不到实际作用，80%—90% 都是假的。又相关法律法规并未具体规定抽检品种、频率和检测项目等，最终即使政府查出农产品安全问题，批发市场却不需为此承担责任。批发市场虽是"不规范管理"，却不是"违规管理"。

三 农产品质量安全静态博弈模型求解

由表 4－4 可知，当供应商被政府抽检到的概率 p 和批发市场进行规范管理概率 p_M 一定的情况下，供应商重视和不重视农产品安全的预期收益分别为：

$$\Pi_S^1 = E_S - C_S$$

$$\Pi_S^2 = (1-p)\left[(1-p_M)E_S - p_M P_S\right] - pP_S$$

当供应商被政府抽检到的概率 p 和供应商重视农产品安全的概率 p_S 一定的情况下，批发市场进行规范管理和不规范管理的预期收益分别为：

$$\Pi_M^1 = p_S E_M - C_M$$

$$\Pi_M^2 = E_M$$

由 Π_M^2 恒大于 Π_M^1 可以得到，现状下无论供应商采用何种策略，批发市场的占优战略为"不规范管理"，此时 $p_M = 0$。这意味着批发市场的农产品安全管理作用并未体现，供应商是否重视农产品安全，完全依赖于政府抽检概率。当 $p_M = 0$ 时，$\Pi_S^2 = (1-p)E_S - pP_S$，所以 $E_S - C_S > (1-p)$

$E_S - pP_S$，即政府抽检概率 $p > \dfrac{C_S}{E_S + P_S}$ 时，农产品供应商的最优策略是重视农产品安全；反之，农产品供应商则不重视。在我国政府资源有限现状下，当政府抽检概率无法满足 $p > \dfrac{C_S}{E_S + P_S}$ 时，供应商的选择终将是不重视农产品安全。这也正解释了近年来批发市场上"毒豇豆"、"毒韭菜"、"毒生姜"及"毒西瓜"等农产品安全事件频发的原因所在。

通过分析可知，市场内在激励机制的无效性和现有法律法规的缺陷，致使保障农产品安全的责任完全落在政府身上，批发市场对农产品安全的管理作用在实践中并未得以有效发挥。下面引入"因销售不安全农产品政府对批发市场的惩罚"和"安全农产品带给批发市场和供应商的额外收益"，并将这些变量添加到支付矩阵中。

四　惩罚和额外收益的引入

假设当政府抽检出供应商销售不安全农产品后，除了对该供应商进行处罚外，还会因此对批发市场进行处罚 P_M。另外，批发市场进行规范管理时，通过畅通批发市场安全信息发布渠道，能够将其抽检获得的安全信息传递给购买者，使供应商获得额外安全溢价 βE_S，批发市场可以与批发商之间分享农产品安全带来的额外利润空间，从而可获得额外收益 αE_M。

其他条件不变，在批发市场进行规范管理的情况下：

若供应商重视农产品安全，批发市场因为畅通安全信息发布渠道从而实现农产品"安全溢价"，此时批发市场的收益为 $(1 + \alpha) E_M - C_M$，供应商的收益为 $(1 + \beta) E_S - C_S$。

若供应商不重视农产品安全，则批发市场的收益为 $- C_M$，供应商的收益为 $- P_S$。

在批发市场进行不规范管理的情况下：

若政府未抽检到该供应商，而供应商重视农产品安全，因批发市场不用付出相应检测成本，又批发市场的不规范管理致使农产品"安全溢价"无法实现，所以批发市场的收益为 E_M，供应商的收益为 $E_S - C_S$。

若政府未抽检到该供应商，而供应商不重视农产品安全，因批发市场不用付出相应的检测成本，而供应商也不用付出安全成本，所以批发市场的收益为 E_M，供应商的收益为 E_S。

可以得到政府未抽检到该供应商时，批发市场和供应商博弈支付矩阵见表 4 - 5。

表 4 - 5　　　　　　　政府未抽检到时双方博弈支付矩阵

批发市场 ＼ 供应商	重视农产品安全	不重视农产品安全
规范管理	$(1+\alpha)\,E_M - C_M,\ (1+\beta)\,E_S - C_S$	$-C_M,\ -P_S$
不规范管理	$E_M,\ E_S - C_S$	$E_M,\ E_S$

若政府抽检到该供应商，而供应商重视农产品安全，因批发市场不用付出相应检测成本，且因未能实现农产品"安全溢价"，所以批发市场的收益为 E_M，供应商收益为 $E_S - C_S$。

若政府抽检到该供应商，而供应商不重视农产品安全，批发市场则会受到政府处罚，所以批发市场收益为 $E_M - P_M$，而供应商因提供的是不安全农产品，政府将会没收其违法所得并对其进行处罚，供应商收益为 $-P_S$。

可以得到政府抽检到该供应商时，批发市场和供应商博弈支付矩阵见表 4 - 6。

表 4 - 6　　　　　　　政府抽检到时双方博弈支付矩阵

批发市场 ＼ 供应商	重视农产品安全	不重视农产品安全
规范管理	$(1+\alpha)\,E_M - C_M,\ (1+\beta)\,E_S - C_S$	$-C_M,\ -P_S$
不规范管理	$E_M,\ E_S - C_S$	$E_M - P_M,\ -P_S$

可得批发市场和供应商的期望支付矩阵，如表 4 - 7 所示。

表 4 - 7　　　　政府监管下引入 P_2、R_1 和 R_2 时双方博弈支付矩阵

批发市场 ＼ 供应商	重视农产品安全	不重视农产品安全
规范管理	$(1+\alpha)\,E_M - C_M,\ (1+\beta)\,E_S - C_S$	$-C_M,\ -P_S$
不规范管理	$E_M,\ E_S - C_S$	$E_M - pP_M,\ (1-p)\,E_S - pP_S$

由表 4 - 7 可知，当供应商被政府抽检到的概率 p 和批发市场进行规

范管理的概率 p_M 一定的情况下,供应商重视和不重视农产品安全的预期收益分别为:

$$\Pi_S^1 = p_M \beta E_S + E_S - C_S$$

$$\Pi_S^2 = (1 - p)\left[(1 - p_M)E_S - p_M P_S\right] - p P_S$$

若 $\Pi_S^1 > \Pi_S^2$,即 $p_M > \dfrac{C_S - p(E_S + P_S)}{\beta E_S + (1 - p)(E_S + P_S)}$,则供应商重视农产品安全优于不重视,供应商将选择重视农产品安全,提供安全农产品。反之,若 $\Pi_S^2 > \Pi_S^1$,即 $p_M < \dfrac{C_S - p(E_S + P_S)}{\beta E_S + (1 - p)(E_S + P_S)}$,则供应商不重视农产品安全优于重视,供应商将选择不重视农产品安全,提供不安全农产品。而若 $p_M = \dfrac{C_S - p(E_S + P_S)}{\beta E_S + (1 - p)(E_S + P_S)}$,供应商随机选择重视或不重视农产品安全。对 $p_M > \dfrac{C_S - p(E_S + P_S)}{\beta E_S + (1 - p)(E_S + P_S)}$ 进行变换,可得 $p > \dfrac{C_S - p_M\left[(1 + \beta)E_S + P_S\right]}{(1 - p_M)(E_S + P_S)}$。

当供应商被政府抽检到的概率 p 和供应商重视农产品安全的概率 p_S 一定的情况下,批发市场进行规范管理和不规范管理的预期收益分别为:

$$\Pi_M^1 = p_S(1 + \alpha)E_M - C_M$$

$$\Pi_M^2 = E_M - (1 - p_S)p P_M$$

若 $\Pi_M^1 > \Pi_M^2$,即 $p_S > \dfrac{C_M + E_M - p P_M}{(1 + \alpha)E_M - p P_M}$,则批发市场进行规范管理优于进行不规范管理,批发市场将选择规范管理。反之,若 $\Pi_M^2 > \Pi_M^1$,即 $p_S < \dfrac{C_M + E_M - p P_M}{(1 + \alpha)E_M - p P_M}$,则批发市场进行不规范管理优于进行规范管理,批发市场将选择不规范管理。而若 $p_S = \dfrac{C_M + E_M - p P_M}{(1 + \alpha)E_M - p P_M}$,批发市场随机选择规范或不规范管理。

可以看到,只有供应商重视农产品安全的概率 p_S 高于一定水平,批发市场才会选择规范管理,而只有批发市场进行规范管理概率 p_M 高于一定水平,供应商才会重视农产品安全。

五　引入参数后批发市场与供应商安全行为分析

由上述博弈结果分析可以得到,为保障市场上所销售的是安全农产品,必须使供应商的最优选择是重视农产品安全。由式 $p >$

$\dfrac{C_S - p_M\left[(1+\beta)E_S + P_S\right]}{(1-p_M)(E_S + P_S)}$ 可知，由于引入政府对不规范管理批发市场的处

罚使得批发市场有可能进行规范管理，加之供应商获得额外安全溢价，所

以政府抽检概率 p 的值在分子和分母中增加了 p_M 和 βE_S，且有

$\dfrac{C_S - p_M\left[(1+\beta)E_S + P_S\right]}{(1-p_M)(E_S + P_S)} < \dfrac{C_S}{E_S + P_S}$，即相比于未引入参数 p_M、βE_S 和 αE_M

之前，政府可以较低概率进行抽检，而供应商依旧重视农产品安全。这意

味着，对于相同的政府抽检概率 p，未引入参数之前，供应商不重视农产

品安全，而引入参数之后，供应商将可能重视农产品安全。这也正是批发

市场为政府分担了部分安全监管责任，且市场机制的内在激励发挥了

作用。

第四节　批发市场农产品质量安全演化博弈模型的构建与分析

一　农产品质量安全演化博弈模型假设

考虑农产品批发市场和供应商所处的社会经济环境较为复杂，现实中
主体间往往通过模仿、学习以不断调整策略来改善自身利益，行为主体具
有较为明显的理性局限，因而本节试图基于有限理性假设，运用演化博弈
理论，构建政府监管下农产品批发市场和供应商演化博弈模型，并详细分
析其策略空间以及演化趋势，揭示博弈双方行为特征对于稳定状态的影
响，使分析结果更具现实意义。

以批发市场和农产品供应商为博弈双方，并假设博弈双方均为有限理
性。反复在批发市场和农产品供应商群体中各随机抽取一个成员进行配对
并博弈。他们通过学习不断改变自身策略直到达到一个均衡。批发市场有
两种行为策略："规范管理"和"不规范管理"，农产品供应商也有两种
行为策略："重视"和"不重视"。

模型基本假设与静态博弈类似，具体表述如下：

假设一：农产品批发商如果提供不安全农产品，批发市场、政府监管
部门只要抽检就能查出来。

假设二：当批发市场进行规范管理时，其检测农产品不合格的结果将

被市场监管方上报给上级政府监管部门，供应商不得入场交易并受到政府监管部门处罚，单位农产品罚款金额为 P_S。而当市场监管方进行不规范管理时，提供不安全农产品的供应商可以入场交易，若此时政府监管部门抽检到该批发市场，对于不重视农产品安全的供应商将没收违法所得并进行处罚，单位农产品罚款金额为 P_S，且批发市场因该供应商提供不安全农产品受到政府监管部门处罚，单位农产品罚款金额为 P_M。

假设三：若批发市场进行不规范管理，且农产品供应商不重视农产品安全，他们单位农产品的正常收益（未被政府监管部门查出时的收益）分别为 E_M 和 E_S，E_M 来源于供应商交纳的摊位费、入场费等。

假设四：若批发市场进行规范管理，且农产品供应商重视农产品安全，因批发市场能将农产品安全的信号有效传递给购买者，购买者愿意为安全农产品提供较高支付。此时，单位农产品的收益分别为 $(1+\alpha)E_M - C_M$ 和 $(1+\beta)E_S - C_S$。其中，α 为规范管理能为批发市场带来的收益增加比率，β 为重视农产品安全能够为供应商带来的收益增加比率，C_M 为批发市场规范管理每单位农产品所增加的成本，C_S 为供应商重视农产品安全时单位农产品所增加的成本。

假设五：若批发市场进行不规范管理，而农产品供应商重视农产品安全，因批发市场无法传递有效"安全"信号，购买者将无法区分农产品是否安全。此时，重视农产品安全的供应商虽付出了安全成本 C_S，但是其收益与不重视农产品安全的供应商等同，都为 E_S，批发市场的收益为 E_M。

假设六：政府监管部门对供应商的抽检概率为 p。

根据以上假设，建立博弈支付矩阵，同表 4-5、表 4-6 和表 4-7，此处不再赘述。

二　农产品质量安全演化博弈模型求解

（一）演化过程的平衡点

设在博弈初始阶段，批发市场群体中选择"规范管理"的比例为 x $(0 \leqslant x \leqslant 1)$，选择"不规范管理"的比例为 $1-x$；农产品批发商群体中选择"重视"的比例 y $(0 \leqslant y \leqslant 1)$，选择"不重视"的比例为 $1-y$。

对于批发市场来说，进行"规范管理"的期望收益 $U_{MY} = y[(1+\alpha)E_M - C_M] + (1-y)(-C_M) = y(1+\alpha)E_M - C_M$，进行"不规范管理"的期望收益 $U_{MN} = yE_M + (1-y)(E_M - pP_M) = (y-1)pP_M + E_M$，批发市场群体平

均期望收益 $U_M = xU_{MY} + (1-x)U_{MN}$，构造批发市场的复制动态方程为：

$$F(x) = \mathrm{d}x/\mathrm{d}t = x(U_{MY} - U_M) = x(1-x)\{y[(1+\alpha)E_M - pP_M] - C_M - E_M + pP_M\} \tag{4.1}$$

同理，构造供应商的复制动态方程为：

$$F(y) = \mathrm{d}y/\mathrm{d}t = y(U_{SY} - U_S) = y(1-y)\{x[\beta E_S + (1-p)(P_S + E_S)] - C_S + p(P_S + E_S)\} \tag{4.2}$$

由式（4.1）、式（4.2）可得一个二维动力系统 I，即

$$\{\mathrm{d}x/\mathrm{d}t = x(U_{MY} - U_M) = x(1-x)\{y[(1+\alpha)E_M - pP_M] - C_M - E_M + pP_M\}$$

$$\mathrm{d}y/\mathrm{d}t = y(U_{SY} - U_S) = y(1-y)\{x[\beta E_S + (1-p)(P_S + E_S)] - C_S + p(P_S + E_S)\}$$

为便于分析，令 $x^* = \dfrac{C_S - p(P_S + E_S)}{\beta E_S + (1-p)(P_S + E_S)}$，$y^* = \dfrac{C_M + E_M - pP_M}{(1+\alpha)E_M - pP_M}$，

$\bar{\alpha} = \dfrac{C_M}{E_M}$，$\bar{\beta} = \dfrac{C_S - P_S - E_S}{E_S}$，$p_a = \dfrac{C_M + E_M}{P_M}$，$p_b = \dfrac{C_S}{P_S + E_S}$。

命题 4.1 系统 1 的平衡点为 $(0, 0)$、$(0, 1)$、$(1, 0)$、$(1, 1)$。而当 $p < p_a$，$p < p_b$，$\alpha > \bar{\alpha}$，$\beta > \bar{\beta}$ 或 $p > p_a$、$p < p_b$、$\alpha < \bar{\alpha}$，$\beta > \bar{\beta}$ 时，(x^*, y^*) 也是系统平衡点。

证明： 对于系统 I，令 $\mathrm{d}x/\mathrm{d}t = 0$，$\mathrm{d}y/\mathrm{d}t = 0$，显然 $(0, 0)$、$(0, 1)$、$(1, 0)$、$(1, 1)$ 是系统的平衡点。而当 $p < p_a$、$p < p_b$、$\alpha > \bar{\alpha}$、$\beta > \bar{\beta}$ 或 $p > p_a$、$p < p_b$、$\alpha < \bar{\alpha}$、$\beta > \bar{\beta}$ 时，$0 < x^* < 1$，$0 < y^* < 1$，由 $\mathrm{d}x/\mathrm{d}t = 0$，$\mathrm{d}y/\mathrm{d}t = 0$，可知 (x^*, y^*) 也是系统平衡点。

（二）平衡点稳定性分析

复制动态方程求出的平衡点不一定是系统的演化稳定策略（ESS），根据弗里德曼（Friedman, 1991）提出的方法，演化均衡点的稳定性可由该系统的雅可比（Jacobian）矩阵的局部稳定性分析得到。系统 I 的雅可比安矩阵为：

$$J = \begin{pmatrix} \partial F(x)/\partial x & \partial F(x)/\partial y \\ \partial F(y)/\partial x & \partial F(y)/\partial y \end{pmatrix}$$

$$= \begin{pmatrix} a_{11} & a_{12} \\ a_{21} & a_{22} \end{pmatrix}$$

$$= \begin{pmatrix} (1-2x)\{y[(1+\alpha)E_M - pP_M] - C_M - E_M + pP_M\} & x(1-x)[(1+\alpha)E_M - pP_M] \\ y(1-y)[\beta E_S + (1-p)(P_S+E_S)] & (1-2y)\{x[\beta E_S + (1-p)(P_S+E_S)] - C_S + p(P_S+E_S)\} \end{pmatrix}$$

如果复制动态方程的平衡点满足条件：(1) $\alpha_{11} + \alpha_{22} < 0$（其值记 $\mathrm{tr}J$）；

(2) $\begin{vmatrix} \alpha_{11} & \alpha_{12} \\ \alpha_{21} & \alpha_{22} \end{vmatrix} = \alpha_{11}\alpha_{22} - \alpha_{12}\alpha_{21} > 0$（其值记为 $\det J$），则该平衡点即为演化

稳定策略（ESS）。

1. $C_S - E_S - P_S > 0$

此时，供应商重视农产品安全所增加的成本 C_S 较大，由 $p_b = \dfrac{C_S}{E_S + P_S} > 1$ 可知，必有 $p < p_b$。不同情形下系统平衡点的局部稳定性见表 4-8。

表 4-8　　　　　　　不同情形下平衡点的局部稳定性

情形	平衡点	trJ	detJ	局部稳定性	情形	平衡点	trJ	detJ	局部稳定性
情形 1 $p<p_a$ $0<\alpha<\bar{\alpha}$ $\beta>\bar{\beta}$	(0, 0)	−	+	ESS	情形 5 $p>p_a$ $0<\alpha<\bar{\alpha}$ $\beta>\bar{\beta}$	(0, 0)		−	鞍点
	(0, 1)		−	鞍点		(0, 1)		−	鞍点
	(1, 0)	+	+	不稳定点		(1, 0)		−	鞍点
	(1, 1)	−	−	鞍点		(1, 1)		−	鞍点
						(x^*, y^*)	0	+	鞍点
情形 2 $p<p_a$ $0<\alpha<\bar{\alpha}$ $0<\beta<\bar{\beta}$	(0, 0)	−	+	ESS	情形 6 $p>p_a$ $0<\alpha<\bar{\alpha}$ $0<\beta<\bar{\beta}$	(0, 0)		−	鞍点
	(0, 1)		−	鞍点		(0, 1)		−	鞍点
	(1, 0)		−	鞍点		(1, 0)	−	+	ESS
	(1, 1)	+	+	不稳定点		(1, 1)	+	+	不稳定点
情形 3 $p<p_a$ $\alpha>\bar{\alpha}$ $\beta>\bar{\beta}$	(0, 0)	−	+	ESS	情形 7 $p>p_a$ $\alpha>\bar{\alpha}$ $\beta>\bar{\beta}$	(0, 0)		−	鞍点
	(0, 1)	+	+	不稳定点		(0, 1)	+	+	不稳定点
	(1, 0)	+	+	不稳定点		(1, 0)		−	鞍点
	(1, 1)	−	+	ESS		(1, 1)	−	+	ESS
	(x^*, y^*)	0	−	鞍点					
情形 4 $p<p_a$ $\alpha>\bar{\alpha}$ $0<\beta<\bar{\beta}$	(0, 0)	−	+	ESS	情形 8 $p>p_a$ $\alpha>\bar{\alpha}$ $0<\beta<\bar{\beta}$	(0, 0)		−	鞍点
	(0, 1)	+	+	不稳定点		(0, 1)	+	+	不稳定点
	(1, 0)		−	鞍点		(1, 0)	−	+	ESS
	(1, 1)		−	鞍点		(1, 1)		−	鞍点

所以，$C_S - E_S - P_S > 0$ 时，不同情形下系统 I 的演化稳定策略（ESS）见表 4 - 9。

表 4 - 9 　　　　　　不同情形下系统 1 的演化稳定策略（ESS）

	$0 < \alpha < \bar{\alpha}$ $\beta > \bar{\beta}$	$0 < \alpha < \bar{\alpha}$ $0 < \beta < \bar{\beta}$	$\alpha > \bar{\alpha}$ $\beta > \bar{\beta}$	$\alpha > \bar{\alpha}$ $0 < \beta < \bar{\beta}$
$p < p_a$, $p \leqslant 1 < p_b$	情形 1 (0, 0)	情形 2 (0, 0)	情形 3 (0, 0) 和 (1, 1)	情形 4 (0, 0)
$p > p_a$, $p \leqslant 1 < p_b$	情形 5 —	情形 6 (1, 0)	情形 7 (1, 1)	情形 8 (1, 0)

2. $C_S - E_S - P_S < 0$

此时，供应商重视农产品安全所增加的成本 C_S 较小，且 $0 < \dfrac{C_S}{E_S + P_S} < 1$，又 $\beta > 0$，所以必有 $\beta > \bar{\beta}$。不同情形下系统平衡点的局部稳定性见表 4 - 10。

表 4 - 10 　　　　　　不同情形下平衡点的局部稳定性

	平衡点	tr$J$	det$J$	局部稳定性		平衡点	tr$J$	det$J$	局部稳定性
情形 9	(0, 0)	−	+	ESS	情形 13	(0, 0)	−	+	ESS
$p < p_a$	(0, 1)		−	鞍点	$p < p_a$	(0, 1)	+	+	不稳定点
$p < p_b$	(1, 0)	+	+	不稳定点	$p < p_b$	(1, 0)	+	+	不稳定点
$0 < \alpha < \bar{\alpha}$	(1, 1)		−	鞍点	$\alpha > \bar{\alpha}$	(1, 1)	−	+	ESS
						(x^*, y^*)	0	−	鞍点

	平衡点	tr$J$	det$J$	局部稳定性		平衡点	tr$J$	det$J$	局部稳定性
情形 10	(0, 0)		−	鞍点	情形 14	(0, 0)		−	鞍点
若 $p_a > p_b$	(0, 1)	−	+	ESS	若 $p_a > p_b$	(0, 1)		−	鞍点
$p_b < p < p_a$	(1, 0)	+	+	不稳定点	$p_b < p < p_a$	(1, 0)	+	+	不稳定点
$0 < \alpha < \bar{\alpha}$	(1, 1)		−	鞍点	$\alpha > \bar{\alpha}$	(1, 1)	−	+	ESS

	平衡点	tr$J$	det$J$	局部稳定性		平衡点	tr$J$	det$J$	局部稳定性
情形 11	(0, 0)		−	鞍点	情形 15	(0, 0)		−	鞍点
若 $p_a < p_b$	(0, 1)		−	鞍点	若 $p_a < p_b$	(0, 1)	+	+	不稳定点
$p_a < p < p_b$	(1, 0)		−	鞍点	$p_a < p < p_b$	(1, 0)		−	鞍点
$0 < \alpha < \bar{\alpha}$	(1, 1)		−	鞍点	$\alpha > \bar{\alpha}$	(1, 1)	−	+	ESS
	(x^*, y^*)	0	+	鞍点					

续表

情形12	平衡点	tr$J$	det$J$	局部稳定性	情形16	平衡点	tr$J$	det$J$	局部稳定性
$p > p_a$	(0, 0)	+	+	不稳定点	$p > p_a$	(0, 0)	+	+	不稳定点
$p > p_b$	(0, 1)	−	+	ESS	$p > p_b$	(0, 1)	−		鞍点
$0 < \alpha < \bar{\alpha}$	(1, 0)		−	鞍点	$\alpha > \bar{\alpha}$	(1, 0)		−	鞍点
	(1, 1)		−	鞍点		(1, 1)	−	+	ESS

所以，$C_S - E_S - P_S < 0$ 时，不同情形下系统 I 的演化稳定策略（ESS）见表 4 –11。

表 4 –11　　　　不同情形下系统 I 的演化稳定策略（ESS）

	$0 < \alpha < \bar{\alpha}$ $\beta > 0 > \bar{\beta}$	$\alpha > \bar{\alpha}$ $\beta > 0 > \bar{\beta}$
$p < p_a,\ p < p_b$	情形 9 (0, 0)	情形 13 (0, 0) 和 (1, 1)
若 $p_a > p_b,\ p_b < p < p_a$	情形 10 (0, 1)	情形 14 (1, 1)
若 $p_a < p_b,\ p_a < p < p_b$	情形 11—	情形 15 (1, 1)
$p > p_a,\ p > p_b$	情形 12 (0, 1)	情形 16 (1, 1)

（三）演化结果分析

根据上述分析，可得到批发市场和供应商在各种情形下的演化博弈过程。而由表 4 –9 和表 4 –11 中的相关数据，可以得到如下分析结果：

1. 当供应商的收益增加比率较小，$0 < \beta < \bar{\beta}$，即情形 2、4、6、8，供应商行为策略不受任何因素影响，即无论批发市场是否进行规范管理，也无论政府抽检概率多大，供应商都将不重视农产品安全。其中，若政府抽检概率较小，$p < p_a$ 时，即情形 2、4，无论批发市场收益增加比率 α 大小，批发市场都将进行不规范管理，系统的演化稳定点是（0，0）。当政府抽检概率较大，$p > p_a$ 时，即情形 6、8，无论批发市场收益增加比率 α 是多少，因批发商提供的是不安全农产品，在政府抽检概率较大压力下，为规避政府罚款，批发市场将进行规范管理，系统的演化稳定点是（1，0）。这说明，当供应商的收益增加比率满足 $0 < \beta < \bar{\beta}$ 时，行政处罚无法对供应商产生威慑，增大政府抽检概率只能驱使批发市场进行规范管理，最终将导致供应商不进入批发市场，而通过街边路旁乱摆乱放销售不安全

农产品的状况出现。

2. 当供应商的收益增加比率较大，$\beta > \bar{\beta}$，即情形 1、3、5、7、9—16，供应商行为策略受政府抽检概率以及批发市场策略的影响。当 $0 < \alpha < \bar{\alpha}$ 时，若政府抽检概率 $p > p_b$，即情形 10、12，则供应商将重视农产品安全，而此时无论 $p > p_a$ 还是 $p < p_a$，批发市场都将进行不规范管理，这是因为市场内销售的都是安全农产品，政府抽检概率大小不会对市场收益产生影响，系统的演化稳定点是（0，1）。而当 $0 < \alpha < \bar{\alpha}$ 且政府抽检概率 $p < p_b$ 时，又分两种情况，第一种情况 $p < p_a$，即情形 1、9，此时因政府抽检概率很小，无法对供应商和批发市场产生威慑，最终批发市场进行不规范管理，且供应商将不重视农产品安全，系统的演化稳定点是（0，0）；第二种情况 $p > p_a$，即情形 5、11，此时没有演化稳定点，政府抽检概率只对批发市场产生威慑，批发市场期望能够规避政府罚款，然而较小的收益增加比率 α 使批发商又没有进行规范管理的动力，所以当供应商重视农产品安全时，批发市场即不进行规范管理，而供应商观察到批发市场的策略，就会选择不重视，此时批发市场发现供应商不重视农产品安全，随即将进行规范管理，而供应商观察到这点后，又将重视农产品安全，如此循环往复。当 $\alpha > \bar{\alpha}$ 时，批发市场进行规范管理增加的收益大于所增加的成本，除 $p < p_a$ 且 $p < p_b$，即情形 3、13 外，批发市场进行规范管理，且供应商重视农产品安全，系统的演化稳定点是（1，1），此时除政府威慑作用外，市场收益的激励作用功不可没。而情形 3、13，政府的监管概率很小，系统的演化稳定点是（0，0）和（1，1），此时政府的威慑作用非常有限，市场收益的激励作用对批发市场和供应商的选择具有举足轻重的作用。

通过以上分析可知，供应商的策略选择受其自身收益增加比率、政府抽检频率以及批发市场策略的影响。同样，批发市场策略选择除其自身收益增加比率、政府抽检频率以外，还与供应商策略相关。批发市场与供应商策略选择是相互影响的。另外，政府抽检概率越大，原则上越能促使批发市场进行规范管理、供应商提供安全农产品，结果却不尽然。然而，如果能够有效发挥市场机制的内在激励作用，使批发市场和供应商在规范管理和重视农产品安全的同时，能够获得更高收益，则即使政府抽检概率很低，也有可能使得系统的演化稳定点为（1，1）。此时，新的系统克服了以政府为主导的监管体系成本高、监管难度大、整体系统运行效率不尽如人意的缺点，而以市场拉动为主，政府推动为辅，有效利用市场力量，保障农产品安全。

（四）参数变化对情形 3 和情形 13 系统演化稳定均衡结果的影响

当政府抽检概率较小 $p < p_a$ 且 $p < p_b$，而批发市场和供应商的收益增加比率 $\alpha > \bar{\alpha}$、$\beta > \bar{\beta}$，系统 I 演化动态相位图如图 4 - 1 所示，双方演化博弈的稳定策略为（不规范管理，不重视）和（规范管理，重视），两个不稳定点和一个鞍点连成的折线为系统收敛到两个状态的临界线。在折线左下方，系统收敛到（不规范管理，不重视），在折线右上方，系统收敛到（规范管理，重视）。而系统最终收敛到哪个状态，由区域 $\varPhi$ 的面积 $S_\varPhi$ 和区域 $\varPsi$ 的面积 $S_\varPsi$ 大小决定：当 $S_\varPhi < S_\varPsi$ 时，系统收敛均衡点（0，0）的概率大于收敛到均衡点（1，1）的概率；当 $S_\varPhi > S_\varPsi$ 时，系统收敛均衡点（1，1）的概率大于收敛到均衡点（0，0）的概率；当 $S_\varPhi = S_\varPsi$ 时，系统收敛到两个均衡点（0，0）和（1，1）的概率相等。通过分析影响 $S_\varPhi$ 的因素，即可转化为分析情形 3 和情形 13 系统演化稳定均衡结果的影响因素。

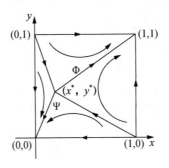

图 4 - 1　系统 I 演化动态相位图示

经计算可得：

$$S_\varPhi = \frac{1}{2}\left[\frac{(1+\beta)E_S + P_S - C_S}{(1+\beta-p)E_S + (1-p)P_S} + \frac{\alpha E_M - C_M}{(1+\alpha)E_M - pP_M}\right]$$

由上式可知，影响 $S_\varPhi$ 的参数有 9 个，分别为 α、β、E_M、E_S、P_M、P_S、C_M、C_S 和 p，经分析，可得如下命题：

命题 4.2　批发市场收益增加比率 α 越大，供应商收益增加比率 β 越大，批发市场进行规范管理和供应商重视农产品安全的概率越大，反之批发市场不进行规范管理和供应商不重视农产品安全的概率越大。

证明： 将 S_Φ 分别对 α、β 求偏导，可得 $\dfrac{\partial S_\Phi}{\partial \alpha} = \dfrac{E_M(E_M - pP_M + C_M)}{2[(1+\alpha)E_M - pP_M]^2}$，

$\dfrac{\partial S_\Phi}{\partial \beta} = \dfrac{E_S(-pE_S - pP_S + C_S)}{2[(1+\beta-p)E_S + (1-p)P_S]^2}$。又 $p < p_a = \dfrac{C_M + E_M}{P_M}$ 且 $p < p_b =$

$\dfrac{C_S}{P_S + E_S}$，故 $\dfrac{\partial S_\Phi}{\partial \alpha} > 0$，$\dfrac{\partial S_\Phi}{\partial \beta} > 0$，$S_\Phi$ 是 α 和 β 的增函数。当批发市场和供应商收益增加比率 α 和 β 越大，系统收敛于均衡点 $(1, 1)$ 的概率越大，即批发市场规范管理且供应商重视农产品安全的概率越大。反之，系统收敛于均衡点 $(0, 0)$ 的概率越大，即批发市场不规范管理且供应商不重视农产品安全的概率越大。证毕。

这说明，如果进行规范管理的批发市场能够采取有效措施，使其所发出的农产品安全的质量信号能够被购买者认同，实现"优质优价"，从而促使相同单位的质量安全投入成本能带给供应商和批发市场自身更大的收益，则批发市场规范管理且供应商重视农产品安全的概率越大；反之，则批发市场不规范管理且供应商不重视农产品安全的概率越大。批发市场和供应商所增加的收益来源为购买者对农产品安全的认同，愿意为其支付更高的价格。然而在现状下，我国农产品批发市场极为缺乏完善的安全信息传播渠道，又购买者对于认证农产品、可追溯农产品等认知度也较低，假冒无公害农产品、有机农产品等事情一再出现更加深了购买者的疑虑，"优质不优价"局面严重挫伤了供应商的积极性。

命题 4.3 当政府监管部门抽检发现批发市场进行不规范管理时，对批发市场进行的处罚 P_M 越大，对不重视农产品安全的供应商进行的处罚 P_S 越大，批发市场进行规范管理和供应商重视农产品安全的概率越大；反之则相反。

证明： 将 S_Φ 分别对 P_M、P_S 求偏导，可得 $\dfrac{\partial S_\Phi}{\partial P_M} = \dfrac{p}{2[(1+\alpha)E_M - pP_M]^2} >$

0，$\dfrac{\partial S_\Phi}{\partial P_S} = \dfrac{\beta p E_S + (1-p)C_S}{2[(1+\beta-p)E_S + (1-p)P_S]^2} > 0$，故 S_Φ 是 P_M 和 P_S 的增函数。当批发市场和供应商受到政府监管部门的惩罚 P_M 和 P_S 越大，系统收敛于均衡点 $(1, 1)$ 的概率越大，即批发市场规范管理且供应商重视农产品安全的概率越大；反之则相反。证毕。

　　这说明，政府监管部门对批发市场和供应商处罚越严厉，对批发市场和供应商产生的威慑力越强，批发市场和供应商因销售不安全农产品被政府监管部门查出而带来的损失越大，批发市场规范管理且供应商重视农产品安全的可能性越大；反之，则批发市场不规范管理且供应商不重视农产品安全的可能性越大。目前，我国颁布的《农产品质量安全法》虽在第三十七条规定批发市场应设立或者委托农产品质量安全检测机构对进入市场销售的农产品进行抽查检测，不符合安全标准的农产品需停止销售。并在第五十条说明如有违反，则责令更改，并处二千元以上二万元以下罚款。然而，这些规定却过于粗略，致使在实际操作中，政府监管部门更多地关注于批发市场是否设立或委托农产品质量安全监测机构这一事实本身，较少因市场内销售了不安全农产品而对批发市场进行处罚。从而使得批发市场为逃避责罚，虽竞相设立质量安全检测室，但对入场销售的农产品安全重视度较低，从而使得检测室利用率不高，其保障农产品安全的效果不尽如人意。

　　命题 4.4　若 $\dfrac{C_M}{P_M} > \dfrac{\alpha p}{1+\alpha}$，批发市场进行不规范管理时的正常收益 E_M 越大，供应商不重视农产品安全时的正常收益 E_S 越大，则批发市场进行规范管理和供应商重视农产品安全的概率越大；反之则相反。若 $\dfrac{C_M}{P_M} < \dfrac{\alpha p}{1+\alpha}$，当批发市场进行不规范管理时的正常收益 E_M 越小，供应商不重视农产品安全时的正常收益 E_S 越大，则批发市场进行规范管理和供应商重视农产品安全的概率越大；反之则相反。

　　证明：将 S_Φ 分别对 E_M、E_S 求偏导，得 $\dfrac{\partial S_\Phi}{\partial E_M} = \dfrac{C_M + \alpha(C_M - pP_M)}{2\left[(1+\alpha)E_M - pP_M\right]^2}$，

$\dfrac{\partial S_\Phi}{\partial E_S} = \dfrac{(1-p)C_S + \beta(C_S - pP_S)}{2\left[(1+\beta-p)E_S + (1-p)P_S\right]^2}$。又 $p < p_a = \dfrac{C_M + E_M}{P_M}$，故 $\alpha(C_M -$

$pP_M) > -\alpha E_M$，$\alpha > \bar{\alpha} = \dfrac{C_M}{E_M}$，故 $C_M < \alpha E_M$，所以无法确定 $C_M + \alpha(C_M -$

$pP_M)$ 的正负。而 $p < p_b = \dfrac{C_S}{P_S + E_S}$，故 $\beta(C_S - pP_S) > 0$，此时恒有 $\dfrac{\partial S_\Phi}{\partial E_S} > 0$。

　　所以若 $\dfrac{C_M}{P_M} > \dfrac{\alpha p}{1+\alpha}$，则 $\dfrac{\partial S_\Phi}{\partial E_M} > 0$，$\dfrac{\partial S_\Phi}{\partial E_S} > 0$，$S_\Phi$ 是 E_M 和 E_S 的增函数，当批发

市场进行不规范管理时的正常收益 E_M 越大，供应商不重视农产品安全的正常收益 E_S 越大，系统收敛于均衡点(1，1)的概率越大，即批发市场规范管理且供应商重视农产品安全的概率越大；反之则相反。若 $\dfrac{C_M}{P_M} < \dfrac{\alpha p}{1+\alpha}$，则 $\dfrac{\partial S_\Phi}{\partial E_M} < 0$，$\dfrac{\partial S_\Phi}{\partial E_S} > 0$，$S_\Phi$ 是 E_M 的减函数，是 E_S 的增函数，当批发市场进行不规范管理时的正常收益 E_M 越小，供应商不重视农产品安全时的正常收益 E_S 越大，系统收敛于均衡点(1，1)的概率越大，则批发市场进行规范管理和供应商重视农产品安全的概率越大；反之则相反。证毕。

这说明，当批发市场进行规范管理所增加的成本 C_M 与不规范管理政府抽检到所受到的罚款 P_M 的比值较大时，若批发市场进行不规范管理就能获得可观收益，将有能力进行规范管理所需的各种资金和费用支出，能够承担规范管理时所需的较大成本和所带来的风险，并期待规范管理能带来更大收益，具有较大的规范管理动力。当 C_M 与 P_M 的比值较小时，批发市场进行不规范管理获得的收益越少，越希望改变现状，期待通过规范管理提高其收益，且因所增加的成本 C_M 较小，对于本身收益较少的批发市场来说，所需各种资金和费用支出较少，风险较小，负担不重，也具有较大的规范管理动力。而对于供应商来说，在未重视农产品安全时获得的收益越高，其越有能力支付重视农产品安全时需付出的成本，抗风险能力也较高，期望能从质量投入中获得更大收益，重视农产品安全的动力越大。在我国，政府监管部门较少就市场内销售不安全农产品而对批发市场进行处罚，所以可以认为 P_M 较小，故 C_M 与 P_M 的比值较大。又总体来说，因进入门槛很低，我国农产品供应商之间的竞争非常激烈，供应商整体利润率较为低下，一般在6%以下，且批发市场本身的收费率也较低，一般为交易额的3%—4%。批发市场主要通过收取租金或入场费，与供应商分享农产品批发的利润空间。且由于批发市场面临着同行间的激烈竞争，使其常处于提高自身盈利水平和培育客户（供应商）的两难选择中。

命题 4.5 当批发市场规范管理时所增加的成本 C_M 越小，为供应商重视农产品安全时所增加的成本 C_S 越小，批发市场进行规范管理和供应商重视农产品安全的概率越大；反之则相反。

证明： 将 S_Φ 分别对 C_M、C_S 求偏导，可得 $\dfrac{\partial S_\Phi}{\partial C_M} = -\dfrac{1}{2}$，$\dfrac{\partial S_\Phi}{\partial C_S} = -\dfrac{1}{2}$，

S_Φ 是 C_M 和 C_S 的减函数。当批发市场范管理时所增加的成本 C_M 和供应商重视农产品安全时所增加的成本 C_S 越小，系统收敛于均衡点（1，1）的概率越大，即批发市场规范管理且供应商重视农产品安全的概率越大；反之则相反。证毕。

　　这说明，如果批发市场和供应商能够采用先进的设施设备、技术，并通过有效管理策略，降低规范管理和重视农产品安全时所增加的成本，则批发市场规范管理且供应商重视农产品安全的概率越大；反之，则批发市场不规范管理且供应商不重视农产品安全的概率越大。就批发市场而言，因农产品质量安全监测费用基本上由市场承担，不同农产品监测费用高低不同、监测时间长短不一，又农产品抽检品种、频率、检测项目等目前并没有统一的执行标准，致使批发市场偏向抽检检测成本低、时间短的农产品，忽略检测成本高、时间长的农产品，为农产品市场发生质量安全事件提供可能。另外，所配备的检测人员成本、设备的更新维护对于批发市场也是不小的负担。就供应商而言，若其所销售的农产品来源农户数量较少，还可逐一监控农户生产过程，保障农产品安全，而若农户数量众多时，供应商的监控成本则会增高，难度则会增大，供应商将疲于监控。

　　命题4.6　当政府监管部门对供应商的抽检概率 p 越大，批发市场进行规范管理和供应商重视农产品安全的概率越大；反之则相反。

　　证明： 将 S_Φ 对 p 求偏导，可得 $\dfrac{\partial S_\Phi}{\partial p} = \dfrac{P_M}{2\left[\left(1+\alpha\right)E_M - pP_M\right]^2} +$ $\dfrac{E_S + P_S}{2\left[\left(1+\beta-p\right)E_S + \left(1-p\right)P_S\right]^2} > 0$，$S_\Phi$ 是 p 的增函数。当政府监管部门对供应商的抽检概率 p 越大，系统收敛于均衡点（1，1）的概率越大，即批发市场规范管理且供应商重视农产品安全的概率越大；反之则相反。证毕。

　　这说明，若政府监管部门对供应商抽检概率 p 越大，不重视农产品安全的供应商越可能被查出。相应地，供应商和批发市场损失越大，为避免损失，批发市场规范管理且供应商重视农产品安全的概率越大；反之，则批发市场不规范管理且供应商不重视农产品安全的概率越大。在政府监管部门资源有限情况下，只能以较低的概率进行抽检，即使在较低的概率范围内，抽检概率 p 越大，系统越有可能收敛到均衡点（1，1）。然而，目前有些地方政府并不主动进行抽检，全然依赖于批发市场发现不安全农产品后进行上报，或者虽主动抽检，但抽检前通知市场内相关负责人，再或者让市场主动送检，此举无疑大大降低政府监管部门的威慑力，监管效果也大打折扣。

三 博弈结果分析

基于上述分析可知，批发市场和供应商行为策略的选择与他们的收益增加比率 α 和 β、销售不安全农产品且被政府监管部门查出时所受处罚 P_M 和 P_S、不重视农产品质量安全时的正常收益 E_M 和 E_S、重视质量安全时所增加的成本 C_M 和 C_S 以及政府监管部门的抽检概率 p 密切相关，并随着 α、β 和 p 的不断变化，将会出现（不规范管理，不重视）、（规范管理，不重视）、（不规范管理，重视）、（规范管理，重视），以及（不规范管理，不重视）和（规范管理，重视）策略共存的演化稳定均衡。一味提高政府监管部门抽检概率，并不一定能够促进市场上安全农产品数量的增加。当供应商的收益增加比率 β 很小时，即使政府监管部门的抽检概率很大，供应商依旧不重视农产品安全，供应商重视质量安全的必要条件是 $\beta > \bar{\beta}$。政府监管部门抽检概率较小的情况下，确保市场上销售农产品安全性的必要条件是 $\alpha > \bar{\alpha}$ 且 $\beta > \bar{\beta}$。此时价格机制发挥了重要的内在激励作用，质量溢价促使批发市场进行规范管理，供应商重视农产品安全。且批发市场和供应商的收益增加比率越高、被政府监管部门查出时所受处罚越高、重视质量安全时所增加的成本越低、政府监管部门的抽检概率越高，批发市场越有可能进行规范管理，供应商越有可能重视农产品安全。

另外，当 $\dfrac{C_M}{P_M} > \dfrac{\alpha p}{1 + \alpha}$ 时，批发市场进行不规范管理时的正常收益越大，供应商不重视农产品安全时的正常收益越大，或当 $\dfrac{C_M}{P_M} < \dfrac{\alpha p}{1 + \alpha}$ 时，批发市场进行不规范管理时的正常收益越小，供应商不重视农产品安全时的正常收益越大，批发市场越有可能进行规范管理，供应商越有可能重视农产品安全。

事实上，我国批发市场和供应商收益增加比率 α 和 β 相当小，未形成"优质优价"局面。究其原因，主要有两点：其一，批发市场有限的人力、物力和财力，使得单靠市场力量无法做到每天对每车进场农产品进行抽检；其二，我国现有的相关法律法规虽然意识到批发市场在保障农产品安全中的作用，但是其规定又使得市场所承担的安全责任较小，如《农产品批发市场食品安全操作规范（试行）》中规定，市场应检测无有效质量证明文件的产品，然而即使拥有有效质量证明文件的产品，因产品产地证明和质量检测合格证明的可信度很低，其质量安全依旧堪忧，加之非标准化的抽检品种、频率、检测项目，即使政府监管部门查出农产品安全问题，批发市场却不需为此承担责任。批发市场虽是"不规范管理"，却不是"违法管理"，且确实又无实力进行"规范管理"，结果是批发市场无法提供可靠的质量信息，购买者无法相信市场上所提供农产品的安全性，无法形成"优质优价"，最终批发市场"不规范管理"、供应商"不重视农产品安全"。

第五节 充分发挥批发市场安全管理作用的建议

通过分析不难发现各方行为决策具有联动性。批发市场进行农产品安全管理具有其自身的优势，然而市场机制的无效性和现有法律法规的缺陷，使得批发市场并未承担起农产品安全管理的责任。鉴于以上分析，结合我国批发市场数目众多、规模不一，政府资源有限、抽检概率不高，需调动各方利益相关者的积极性，以低成本、高效率地保障农产品安全的具体国情，提出以下建议：

一 建设农产品质量安全信息平台，增加批发市场和供应商的收益

构建农产品质量安全信息发布平台，通过电视、广播、报纸和网络等多形式、多渠道地共享信息，畅通批发市场安全信息发布渠道，有效披露入场交易农产品的质量安全检测结果等相关安全信息，实时监控入场农产品安全状况，使市场上销售的农产品由信用品转化为经验品，降低购买者交易成本。完善农产品标识制度，对于假冒无公害农产品、有机农产品和绿色农产品予以公示并进行处罚，防止假冒伪劣农产品扰乱市场，形成"劣币驱逐良币"，激励供应商进行正常的质量竞争。通过信息共享，一方面，加大对购买者进行有关农产品质量安全的宣传教育，提高其安全意识，引导其消费观念；另一方面，以此为实现农产品"安全溢价"的基础，使安全农产品能够获得更高的质量溢价，实现规范管理批发市场和重视农产品安全供应商的增收，以激励其继续规范管理和重视质量安全，保障市场上所销售农产品安全水平的稳步提高。

二 制定并完善相关法律法规，明确批发市场农产品安全管理责任和义务

尽快制定《农产品批发市场法》，规定批发市场在保障农产品安全方面的责任和义务，明确具体罚则，建立专门针对农产品批发市场的管理制度，确定各环节、各阶段做什么、怎么做，使批发市场在管理过程中有法可依、有法必依、执法必严、违法必究。从而规范批发市场行为，为批发市场指明方向，弥补《农产品质量安全法》仅明确了几个全局性、方向性问题的缺陷，防止批发市场钻法律漏洞，只关注于硬件设备建设而忽视设备使用，只关注于盈利功能而置保障农产品安全的公益性功能于不顾，积极发挥批发市场在入市农产品质量安全方面的保障作用。

三 加大政府监管惩罚力度和强度，提高批发市场和供应商的风险损失

政府监管部门应在有限资源可承受的范围内，尽可能加大对农产品供应商的惩罚力度，即加大抽检概率，实施主动抽检的规范化、标准化，以弥补市场失灵的状况，尽到政府部门的监管责任，避免政府抽检形同虚设。加大政府监管的惩罚强度，针对目前处罚力度小、威慑力不强的现状，除罚款外，还可以再用责令停产、停业、吊销营业执照，直至判刑等方式，间接提高批发市场和供应商的风险损失，促使批发市场进行规范管理、供应商重视农产品安全，以进一步控制不安全农产品流入市场。

四 推进公益性批发市场安全检测服务并给予供应商支援，降低批发市场和供应商的安全成本

推进公益性批发市场安检服务，对批发市场的检测人员成本、设备更新维修等相关安全成本予以补贴，以降低批发市场农产品安全检查成本，提高检测设备利用率，更好地对入场农产品进行把关，避免检测设备只是用来应付检查、装装门面，而实际利用效率不高，安全保障作用不显。对供应商进行质量安全培训，使其认识到危害分析与关键控制点（HACCP）和良好农业规范（GAP）在保障农产品质量安全中的作用，并给予资金和技术上的支持，鼓励联合经营，以提高其农产品安全管理水平，保障其所提供的农产品质量安全。

第六节　本章小结

本章在简述传统博弈论的相关概念、要素、分类以及演化博弈理论基础上，结合农产品质量安全问题，建立了基于农产品质量安全的批发市场和供应商静态博弈和演化博弈模型，并进行了求解分析。结果表明，批发市场和供应商的行为策略与他们的额外收益、销售不安全农产品且被政府监管部门查出时所受处罚、不重视农产品质量安全时的正常收益、重视质量安全时所增加的成本以及政府监管部门的抽检概率密切相关。通过模型求解，解释了近年来批发市场农产品安全事件频发的原因，即市场机制的无效性和现有法律法规的缺陷，导致批发市场的最优策略是"不规范管理"，供应商的最优策略是"不重视农产品安全"。无论是静态博弈模型还是演化博弈模型在此认知上都具有一致性。提出了充分调动各方利益相关者积极性以低成本、高效率地保障农产品安全的建议，包括建设农产品质量安全信息平台、制定并完善相关法律法规、加大政府监管惩罚力度和强度、推进公益性批发市场安全检测服务并给予供应商支援。

第五章　基于 CAS 的不同政府监管策略下农产品的质量安全

政府监管在农产品质量安全保障中起着十分重要的作用，是确保农产品安全的最后防线。政府的监管会影响批发市场的安全管理行为和供应商的安全生产行为；反之，批发市场的安全管理行为和供应商的安全生产行为也会影响政府监管行为，政府的监管策略并非一成不变。目前对政府、批发市场和供应商行为的研究多基于实证分析，如任燕（2010）通过实证研究分析了经销商、购买者及市场管理者三类微观经济主体对农产品批发市场食品质量安全监管的认知情况，梳理了北京市农产品批发市场对食品进行安全监管的流程及监管中存在的问题。张静（2012）认为，农产品批发市场在农产品质量安全监管方面起着巨大的作用，并以石河子市西部绿珠果蔬农产品批发市场为例，针对由政府层面和购买者、经销商及市场管理者构成的微观经济主体在监管中存在的主要问题，提出相应的政策建议。可以看到，现有实证研究多是基于实际调查数据进行分析，以揭示事物的本质属性和内在规律，难以得到各种输入参数改变时，系统输出的变化。而计算机建模仿真方法则能够较好地克服这一缺点，兼之政府、批发市场和众多供应商所构成的农产品质量安全系统是一个复杂适应系统（CAS），表现出强烈的不确定性、不可预测性和非线性。系统中政府、批发市场和众多供应商都是具有自身目标、偏好和主动性的"活"的主体，各个主体会主动接受环境影响和支配，根据新信息和自身目标随时调整和改变自己的行为策略，并在与系统融合过程中，不断学习其他主体的优势并迅速转化成自己的核心竞争力，从而使整个系统呈现出不断动态演化的状态。采用计算机建模仿真方法可以认识不同的政府监管策略下，批发市场和批发商的行为变化以及整个系统的演化规律，将有利于政府低成本、高效率地保障农产品质量安全。

本书通过引入复杂适应系统理论，分析政府、批发市场和供应商作为

"适应性主体"彼此之间相互作用行为的形成和结果，并采用多主体技术，基于主体平台对由供应商主体、批发市场主体和政府主体构成的农产品质量安全复杂适应系统进行建模仿真，以探讨不同情形下，政府采取不同监管策略对农产品质量安全所产生的影响。

第一节　CAS 及其仿真

人们对世界的认识最初基于还原论的思想，即"世界是由个体（部分）构成"，现实生活中的所有现象都可以看成是由更低级、更基本的现象组成。还原论有力解释了一些自然现象，如运用还原论的方法，生物学揭示了生物遗传密码，遗传过程还原为化学的相互作用。还原论作为迄今为止自然科学研究的最基本方法，以"静止的、孤立的"观点考察组成系统诸要素的行为和性质，然后将这些性质"组装"起来形成对整个系统的描述，这一研究范式已为人们普遍接受。随着对世界各种现象的研究深入，人们发现有些现象利用还原论进行解释将遭遇到巨大障碍，如还原论虽然揭示了生物遗传密码，但却难以解开生命起源的奥秘，实践证明，还原论无法揭示生命本质。又如，还原论对人的大脑、人的心智的解释也举步维艰。鉴于这些还原论无法解释的现象，人们提出了整体论，认为对于高度复杂的系统，将其分解为各个部分进行研究的做法是受到限制的，整体大于部分之和，整体的规律不能归结为其组成部分的规律，应以整体的系统论观点来考察事物。复杂适应系统理论方法论正是在整体论框架下发展起来的，它强调主体在与环境和其他主体间的相互作用中不断改变自身行为规则，从而适应环境并与其他主体协调发展。复杂适应系统对系统整体与部分的关系进行了独到的阐述，实现了人们对自然和自身认知的飞跃，复杂适应系统理论已广泛应用于生命科学、经济学、管理学和社会学等领域。

一　复杂适应系统的界定

CAS 理论是美国霍兰（John H. Holland）教授于 1994 年在圣塔菲研究所成立十周年时提出的。他对 CAS 的定义是：由用规则描述的、相互作用的主体组成的系统。在该理论中，系统成员被看作具有自身目的与主动性的、积极的适应性主体（Agent），它们能够与环境以及其他主体进行交流，在交流过程中"学习"或"积累经验"，并根据学到的经验改变自身结构和行为方式，进而使整个系统产生演变或进化。CAS 理论认为，正是这种主动性以及它与环境反复的、相互的作用，才是系统发展和进化的基本动因，这也是该理论中"适应"的含义。CAS 理论的提出对于人们认识、理解、控制和管理复杂系统提供了新的思路。

霍兰教授认为，CAS 包括 4 个特性和 3 个机制，这 7 个基本点对于所有 CAS 都是通用的，其他的所有选项都可以通过对这 7 个基本点进行适当组合从而"派生"出来，满足这 7 个基本点的系统就是复杂适应系统。这 7 个基本点分别是聚集（aggregation）、标识（tagging）、非线性（non - linearity）、流（flows）、多样性（diversity）、内部模型（internal models）和积木（building block）。其中聚集、非线性、流和多样性作为复杂适应系统的特性，在主体的适应和进化中发挥作用，而标识、内部模型、积木则是主体与环境之间进行交流的机制。

（一）聚集

聚集有两个含义，第一个含义是简化复杂系统的一种标准方法，以"物以类聚"为基本理念，忽略细节差异，把相似事物聚集成类，使类成为构建模型的构件，还可以将类重新组合成为一个新的聚集体，在这个意义上聚集是模型构建的主要手段之一。聚集的第二个含义关注于 CAS 做什么，而不是怎样构建模型，它探讨的是大量简单主体通过聚集产生相互作用，会涌现出怎样复杂的大尺度行为，即大量主体聚集之后，整体表现出的不同于单个主体的特性。如大量相互连接的神经元表现出的智能、各种抗体组成的免疫系统所具有的强烈协调性，等。

（二）标识

标识是为了聚集和边界生成而普遍存在的一个机制，它隐含在具有共性的层次组织机构之中，使人们能够观察和领略到以前所隐藏的特性。标识反映了事物特征或属性，主体通过各自相同或不同的标识来彼此识别、选择和进行信息交流。如采用旗帜来召集部队，通过校徽来标志学校形象和表征学校灵魂，使用制服来展示团队和树立形象，等等。

（三）非线性

复杂适应系统内各个主体之间的相互影响并不是简单的、被动的、单向的因果关系，而是主动的适应关系，主体会依据自身目的和周围其他主体状况，主动地维持或变换策略。不仅主体的历史行为策略和与之对应的结果会被主体记忆下来，而且周围主体的行为策略和结果也会被主体观察到，所有的这些都将对主体将来的行为产生影响。主体与主体之间的相互作用已经很难用简单的线性加权求和来表示，它们之间可能是简单的乘积式非线性关系，更多的是将各种正反馈、负反馈交互作用、互相缠绕的复杂关系。霍兰认为，主体行为的非线性特征正是复杂性产生的内在根源。

（四）流

流是指主体与主体之间或主体与环境之间存在的资源流动，这里的资源包括物质、信息和能量，但并不仅限于这些。流涉及节点、连接者、资源，其中节点就是处理器，即主体，连接者则表示主体间的相互作用。由大量主体通过相互作用构成网络，而相互作用时传递的对象就是网络中的流。网络中的流随着时间推移而发生变化，主体以及彼此间的相互作用也会随着其自身的适应性出现或消失。流包括两种特性：一是乘数效应，即流通过网络中的节点进行传递的时候会产生扩大效应；二是再循环效应，指流在主体间的循环往复，从而使有限资源得到最大限度的利用。

（五）多样性

复杂适应系统中主体间的非线性交互作用，使得主体在面临各自不同的环境时，向不同方向发展，如此扩大了主体间的差距，产生了分化，最终形成系统的多样性。多样性是单个主体对其他主体提供的环境进行适应的必然结果。

（六）内部模型

内部模型是主体实现预知的机制，也称之为模式。内部模型使得主体遇到同样的或类似的状况时，能够预知随之而来的结果。内部模型分为隐式模型和显式模型两类。隐式内部模型是在对一些期望的未来状态的隐式预测下，仅指明一种当前的行为，例如，细菌总是游向葡萄糖梯度大的地方；显式内部模型则用于作为其他选择时进行明显的但是内部的探索，就是常说的前瞻过程，例如下棋时对所有着法可能产生的后果在头脑中进行思考。相比于隐式模型，显式模型的内部结构更为清晰，理性认识更为深刻。

（七）积木

积木是已被检验（经过自然选择和适应性学习并证明行之有效的）过能够再度使用的元素。复杂适应系统正是将积木生成内部模型，通过对不同积木进行排列组合，来解决所面临复杂环境中出现的各种问题。通过对积木的多次使用，可以使主体积累相关经验并对积木进行改善。当遇到新情况，通过对相关的、经过检验的积木进行组合，即可采取适当行动处理新情况，并取得满意结果。

二　适应性主体

CAS 是由大量具有标识的主体构成的。在微观方面，CAS 理论最基本的概念是具有适应能力的、主动的个体，简称主体。这种主体在与环境交互作用中遵循一般的刺激—反应模型，表现在它能够根据行为的效果修改自己的行为规则，以不断地适应环境，更好地生存。在宏观方面，由这样的适应性主体组成的系统，将在主体与主体以及主体与环境的相互作用中发展演化，表现出宏观系统中的分化、涌现等种种复杂现象。

霍兰教授对所有适应性主体的共同说明分为三步：采用"执行系统"说明不同种类主体的性能，而不考虑由于适应所产生的变化；使用"信用分派"描述根据主体的成功或失败对于执行系统的相应部分赋予信用或给予责备的过程；运用"规则发现"考虑对主体的性能进行变动。

（一）执行系统

执行系统是对主体的一般性描述，因主体与主体、主体与环境间的交互作用遵循一般的刺激—反应模型，所以执行系统本质是由多个 IF/THEN 语法表示的规则集合。每一条 IF/THEN 语法都代表一条刺激—反应规则，且 IF/THEN 语法的使用严格依赖于主体与其环境的相互作用，如对于青蛙来说，IF 小行动物在附近，THEN 逼近，IF 大行动物在附近，THEN 逃跑。执行系统包含探测器和效应器，探测器用来感知环境，并将探测到的信息传递给主体，探测器所探测到的即为 IF 中的内容，探测器是适应性主体输入的描述工具；效应器则用来描述主体行为，效应器一旦被消息激活，就将对环境产生作用，效应器所引发的动作即为 THEN 中的内容，效应器是适应性主体输出的描述工具。

执行系统的规则集合就像程序一样决定主体的行为。这些规则有的作用于探测器产生的消息，处理环境信息，有的作用于其他规则发出的消息；有的通过主体的效应器，发出作用于环境的消息，还有的发出激活其他规则的消息。

（二）信用分派

执行系统拥有多个规则，这些规则都是对主体所处环境的描述，规则之间具有一致性。然而数量众多的规则也导致对于来自同一环境的消息，可能会有多个规则与之对应，采用随机选择方式显然并不符合主体的适应性原则。因此，霍兰教授提出为每个规则分派一个强度，以期反映规则对于系统的有用性。规则总是在赢得竞争的时候使得其强度增大，而在下一次面临同样的情况时，强度大的规则将有更多的机会被选用。如此在经验基础上，修改强度的过程即称为信用分派。强度表现出规则的适应性，主体规则强度的不断变化，实际上就是主体进行"学习"和"经验积累"的过程。

（三）规则发现

主体总是在适应环境过程中不断进化，又在不断进化过程中不断创新。在不断进化和创新过程中，主体"记住"了提高适应度的积木的组合，而积木正是组成规则的最基本部分。CAS 理论认为，规则发现主要是重新组合经过检验的积木的过程。通常来说，拥有较大强度的规则中始终出现的那个部分，将会成为新规则使用的候选项。利用足够多的强规则，搜索强规则中各部分的有用方法，就能生成大量新规则。然而新规则的生成也是一件令人烦恼的事情，基于对积木进行排列组合而生成的新规则将呈现出数量级增长，数量庞大的新规则无疑给主体进行规则选择带来巨大困难。因此，霍兰教授基于信用分派，提出采用遗传算法中的交换、选择和突变来发现新规则，这为新规则的发现开辟了一条快捷通道。

通过确定执行系统、信用分派和规则发现，适应性主体区别于其他主体的特征将能够被有效描述出来。

三　复杂适应系统仿真平台 Swarm

Swarm 是圣塔菲研究所（SFI）开发的用于分析复杂适应系统的模拟工具集。自 1995 年 Swarm 发布了 beta 版以来，SFI 先后于 1998 年推出了 1.1 版、1999 年推出了 2.0 版、2000 年推出了 2.1 版和 2.1.1 版以及 2002 年推出了 2.2 版。随着版本的更新，Swarm 由原来只能在 Windows95/98/NT 上运行，发展到可以在 UNIX、Linus、Windows95/98/NT/2000 等环境下运行，开发语言也由原来只能采用 Objective－C 进行编程开发，发展为对 Java 语言的支持。Swarm 已经广泛应用于生物学、经济学、管理学、物理学、化学和生态学等各个研究领域。

Swarm 的核心思想是提供一个面向对象的框架，让一系列独立主体通过独立事件进行交互，以研究多个主体所组成的复杂适应系统的行为。

Swarm 力图提供一个真实系统的模仿环境，在这个环境中，存在有"自主思想"的活动主体和它们生存的环境。主体根据已经设置好的规则与其他主体或环境交互。交互规则以 IF – THEN 的指令方式存放，主体行为次序则通过调度（Schedule）进行控制。

Swarm 模拟程序通常包括四个部分：模拟主体、模型 Swarm（ModelSwarm）、观察员 Swarm（ObserverSwarm）和环境。模拟主体 Agent 是系统的基础构成元素，封装在 ModelSwarm 中；ModelSwarm 是对真实系统的模拟，封装在 ObserverSwarm 中；ObserverSwarm 对 ModelSwarm 进行控制并观察运行结果。

模拟主体是具有自适应能力的个体，为各种行为的执行者，它可以根据与环境或其他主体交互情况做出不同的响应，并用属性和行为（Action）来描述主体状态，属性包括坐标、颜色、大小等，行为比如上下左右移动，等等。ModelSwarm 中集成了主体、主体活动和主体生存环境。其中主体活动是主体的行为（Action）或行为集（Actiongroup）通过调度（Schedule）执行的过程。主体生存环境是主体所处的、描述主体生存状态的元素集合。ObserverSwarm 用于改变 ModelSwarm 中的运行参数并观察仿真结果，它考虑的因素主要有监测主体运行情况的探测器、与仿真系统交互的控制面板、显示主体运行环境的栅格和统计运行结果的各种图形。其中探测器用于实施监控和改变 ModelSwarm 中的各元素状态。控制面板包括一系列控件，可用来启动、终止 Swarm 的运行。栅格用来表示主体以及其他对象控件位置的网格状工具。统计图形界面则是对仿真结果数据采用图形工具进行表示。

Swarm 中 Agent、ModelSwarm 和 ObserverSwarm 的层次关系如图 5 – 1 所示。其中 Agent 作为 Sub – sub – Swarm 包含在 ModelSwarm 中，ModelSwarm 作为 Sub – Swarm 包含在 ObserverSwarm 中。它们之间层层嵌套并通过调度设定各种对象的行为发生先后次序。

四　复杂适应系统在管理领域中的应用

复杂适应系统理论在管理领域的研究侧重于企业内部或供应链管理中主体如何通过合作和交互管理等行为方式适应环境变化，不断创新、提高绩效，以增强自身竞争力。DeRosa（2007）认为，复杂适应系统的演变是基于多个利益相关者不同的价值需求，并在认知科学、组织理论、网络、系统工程和技术开发的基础上，明确了系统演化的模式和深层结构。

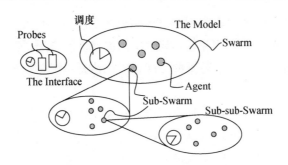

图 5 - 1　Swarm 中的层次模型

Ricardo（2004）将复杂适应系统理念融入产品设计管理中，提出应加强公司成员与外界之间的关系；促进地区或人之间的关系；在产品设计过程中，最大限度地增加信息流；以及促进产品设计决策时的多样化参与。张延禄（2012）进行了 R&D 网络复杂适应系统研究，指出 R&D 网络的自组织演化过程最终可达到稳定状态，企业具有择优连接的意识，使网络呈现出无标度和集聚特征，知识溢出效率对网络规模、网络利用效率具有显著影响。张莉（2011）运用复杂适应系统理论分析组织学习过程，指出从组织学习过程出发，通过组织学习机制可以改善各过程的学习效果，进而提升组织绩效。Li（2010）将供应链视为复杂的自适应供应网络，研究网络结构和协调机制的演化复杂性，并通过案例研究指出外部环境中政府调控、市场需求和市场结构对于供应链演化具有长期影响，而内部主要影响因素为成本和质量。Judith（2013）认为，供应链决策的复杂性源于成本和收益量化影响的有效计算，将供应链视为复杂适应系统，通过不断变化的主体间的适应和学习，可以解决这一复杂困境。Zhou（2013）在需求不确定和跨渠道竞争情况下，建立了基于主体的零售模型（ARM），并将供应商、零售商和消费者组成的供应链看作一个复杂适应系统，采用遗传算法获得主体的最优行为策略。托马斯（Thomas，2001）认为，供应链更多地表现为一个复杂适应系统，它是自然出现的而不是设计的结果，设计强调负反馈控制，而出现则通过正反馈允许自主行动，强加太多的控制有损于创新和灵活性，当然允许太多的出现也会削弱管理的可预见性和工作程序。张涛（2003）以复杂自适应系统范式作为分析方法，系统性诠释了供应链的整体运作模式，认为该范式能够更好地分析与描述供应链这一复杂系统发生、创新、学习和适应等行为的本质。白世贞（2007）

建立了供应链复杂适应系统资源流三层—回声模型，并指出三层—回声模型是描述供应链主体间相互作用较为实用而准确的内部模型，系统中主体按该模型进行合作、竞争与资源分配，可以达到系统总资源利用的最优化效果。

现有基于复杂适应系统理论的研究多关注企业或供应链管理中主体的交互和演化行为，强调资源整合、提高绩效，较少涉及质量保障和质量提升等相关主题，基于农产品质量安全的政府策略选择更未见报道。

第二节　基于 CAS 的农产品质量安全多主体建模

政府、批发市场和众多供应商组成的农产品质量安全系统是一个复杂适应系统，满足 CAS 的 7 个基本点：聚集、标识、非线性、流、多样性、内部模型和积木。系统中政府主体、批发市场主体和供应商主体都是独立的执行系统，拥有各自目标以及区别于其他主体的自身属性和行为规则。

一　农产品质量安全 CAS 分析

农产品质量安全系统是一个复杂适应系统正是因其满足 CAS 的 7 个基本点。

（一）聚集

聚集的两个含义在农产品质量安全系统中都有体现。第一个含义是把相似的事物聚集成类。农产品质量安全系统中忽略细节差异，而将大量农产品供应商视为同样的供应商主体类，正是聚集第一个含义的体现。聚集的第二个含义则关注于整个系统表现出的复杂的大尺度行为，农产品质量安全系统中在不同的政府监管和批发市场管理策略下，供应商的安全农产品生产和供应行为也体现了这一点。

（二）标识

农产品质量安全系统中，政府主体、批发市场主体和供应商主体正是因为标识的存在，才能够区分出彼此。而且每个供应商主体也都有其独特的标识以区别于其他供应商主体。标识在农产品质量安全系统中普遍存在。

（三）非线性

农产品质量安全系统中，政府与批发市场的交互、批发市场与供应商的交互、政府与供应商的交互以及供应商彼此之间的交互都体现出强烈的非线性。如政府抽检概率和罚款额度的乘积，批发市场中入场供应商的数量和交纳相关费用的乘积，供应商受周围供应链影响概率等，都不是用简单的线性关系所能够表示的。

（四）流

农产品质量安全系统中存在着各种流，包括物流、资金流和信息流。特别地，信息流的迅速通畅对于农产品质量安全非常重要，是农产品"安全溢价"的基础，影响着系统中的物流、资金流，而资金流向的变化、各主体收益的改变将对整个系统的演化方向造成影响。

（五）多样性

多样性是主体适应环境的结果，农产品质量安全系统中也存在多样性。如政府的不同抽检概率、不同惩罚额度；批发市场可以规范管理，也可以不规范管理；供应商可能提供安全农产品，也可能提供不安全农产品。多样性的产生是环境的变化所导致的。

（六）内部模型

内部模型使得主体遇到同样的或类似的状况时，能够预知随之而来的结果。无论是政府主体、批发市场主体还是供应商主体，都拥有内部模型以使其在面临不同环境时，采取不同行为，最终达到自身目的。正是内部模型才使得主体表现出智能性和主动性。

（七）积木

农产品质量安全系统中存在各种各样的积木，这些积木构成了政府主体、批发市场主体和供应商主体的内部模型。如批发市场的期望利润是由供应商交纳的费用、安全农产品的额外收益、市场抽检成本和政府罚款等共同确定的。

二　农产品质量安全多主体建模

经批发市场销售的农产品，其质量安全系统模型涉及多种实体，包括政府、批发市场、农产品供应商、农产品、消费者、外部环境等。本章主要关注不同政府策略下，批发市场和农产品供应商的行为选择，及其对市场上所销售农产品质量安全状况的影响。鉴于复杂适应系统多主体仿真建模中，一般将具有自主性和智能性的实体用主体实现，其他实体用一般对象进行表示，这里涉及的主要智能实体，亦即主体，包括政府主体、批发市场主体、农产品供应商主体，而外部环境则描述为一般对象。其概念模型如图 5 – 2 所示。

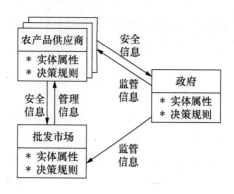

图 5 – 2　农产品质量安全 CAS 概念模型

　　农产品质量安全系统模型由多种主体（Agent）构成，包括一个政府主体、一个批发市场主体和数量众多的供应商主体，每个主体都有自己的行为模式，政府主体的行为能够影响批发市场主体和农户主体的行为；反之，批发市场主体和农户主体的行为也能够影响政府主体的行为。各个主体交互作用，形成影响市场上农产品质量安全状况的复杂演化动力行为。

　　本模型基于以下假定条件：①供应商提供的农产品具有同一单质性，即供应商提供的农产品要么全为安全农产品，要么全为不安全农产品；②当供应商提供不安全农产品时，只要其被政府或批发市场抽检到，就能查出，此时不安全农产品将被销毁，且政府将没收供应商的违法所得并对其进行处罚；③供应商销售农产品的数量相同，且所有农产品都能够销售出去。

三　农产品质量安全 CAS 模型中的信息

　　农产品质量安全 CAS 模型中各主体的行为变化，源于所获知的信息的改变，包括农产品安全信息，政府和批发市场抽检信息，市场准入证明文件信息等。批发市场上农产品安全信息的发布，将有助于购买者获知农产品的安全属性，并使得供应商获得额外安全溢价、批发市场获得额外收益。而政府和批发市场抽检信息的发布，以及市场准入证明文件信息的可信度，也会对市场上所销售农产品的安全性产生影响。

四　农产品质量安全多主体模型属性

（一）供应商子模型属性

用 Supplier Agent 表示能够进行独立决策的单个供应商主体，用网格表示 Supplier Agent 工作环境，即批发市场，一般为 x 行 y 列，如 10×15 的网格，网格数量代表批发市场容量。一个网格单元装载一个 Supplier Agent，Supplier Agent 与周边相邻的 Supplier Agent 关系密切。Supplier Agent = ｛x, y, *strategy*, *color*, *prof*, *increasdProf*, *isseleted*, *isscratched*｝，其中：

（1）x、y 为 *Supplier Agent* 在网格上的显示坐标；

（2）*strategy* = ｛0，1｝为供应商策略，0 表示提供安全农产品，1 表示提供不安全农产品；

（3）*color* 为供应商策略显示，绿色表示提供安全农产品、红色表示提供不安全农产品；

（4）*prof* 为供应商获得的利润；

（5）*increasedProf* 为通过畅通批发市场安全信息发布渠道，将抽检获得的安全信息传递给购买者，使得供应商获得额外安全溢价；

（6）*isseleted* = ｛0，1｝表示供应商是否被抽中，在政府和批发市场抽检中，如果没被抽中，则为 0，否则为 1；

（7）*isscratched* = ｛0，1｝表示供应商被抽中后是否查出问题，被政府和批发市场抽中后，如果未检查出问题，则为 0，否则为 1。

（二）批发市场子模型属性

用 *Market Agent* 表示进行独立决策的批发市场主体。*Market Agent* = ｛*marketprobabililty*, *marketNoPassRate*, *profit*, *increasedProfit*, *cost*｝，其中：

（1）*marketProbabililty* 为批发市场对入场供应商进行抽检的概率；

（2）*marketNoPassRate* 为批发市场抽检得到的供应商不合格率；

（3）*profit* 为批发市场从单个供应商处收取相关费用而获得的利润；

（4）*increasedProfit* 为通过畅通批发市场安全信息发布渠道，将抽检获得的安全信息传递给购买者，使批发市场获得的额外收益；

（5）*cost* 表示批发市场进行抽检付出的成本。

（三）政府子模型属性

用 Gov Agent 表示政府主体。Gov Agent = ｛*govProbability*, *govNoPassRate*, *penalty*, *marketPenalty*｝，其中：

（1）*govProbability* 为政府对场内供应商进行抽检的概率；

（2）*govNoPassRate* 为政府抽检得到的供应商不合格率；

（3）*penalty* 为政府对销售不安全农产品的供应商的罚款额度；

（4）*marketPenalty* 为政府因市场内供应商销售不安全农产品而对批发市场进行罚款的额度。

五 农产品质量安全多主体模型规则设定

（一）供应商行为规则

1. 供应商利润获得规则。因供应商可能提供安全或不安全农产品，其所获得的利润 *prof* 也有所不同，主要分为以下情况：

当农户生产安全农产品时，其利润 *prof* 为 *safeProfit*。

当农户生产不安全农产品时：

（1）若未被政府或批发市场抽检到，则 *prof = unSafeProfit*，且 *unSafeProfit > safeProfit*；

（2）若被政府或批发市场抽检到，则将检测出其销售不安全农产品的事实依据《农产品质量安全法》的相关规定，没收违法所得，并处以罚款，所以此时 *prof = - penalty*，*penalty* 为政府的罚款额度。

2. 供应商策略转换规则。供应商有两种策略：提供安全农产品和提供不安全农产品。随着改革开放政策的推行，市场经济体制的确立和飞速发展，供应商追求经济效益，而追求利润是其最为重要的目标，所以供应商在这两种策略间的转换行为受邻近区域供应商经济效益的影响。Supplier Agent 的邻近区域为与其相邻的 8 个 Supplier Agent，也就是说，供应商与和其相邻的 8 个供应商沟通，了解相邻 8 个供应商的策略选择和利润状况，并通过对比邻近区域中所有供应商的策略和利润状况，进行策略转换。Supplier Agent 的邻居关系如图 5 - 3 所示。

记 Supplier Agent Ⅰ 的第 *n* 期策略为 *strategy*$_{in}$，假设其了解的邻近区域中具有相同策略选择的供应商个数为 n_1，总利润为 p_1；具有不同策略选择的供应商个数为 n_2，总利润为 p_2。

若 $\dfrac{p_1}{n_1} > \dfrac{p_2}{n_2}$，则第 $n+1$ 期 1 将维持其原策略，*strategy*$_{i(n+1)}$ = *strategy*$_{in}$；

若 $\dfrac{p_1}{n_1} < \dfrac{p_2}{n_2}$，则第 $n+1$ 期 1 将以 $\dfrac{p_1}{n_1}\bigg/\left(\dfrac{p_1}{n_1} + \dfrac{p_2}{n_2}\right)$ 的概率维持原策略，以

$\dfrac{p_2}{n_2}\bigg/\left(\dfrac{p_1}{n_1 +} + \dfrac{p_2}{n_2}\right)$ 的概率改变原策略。

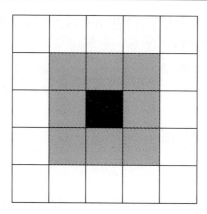

图 5-3　Supplier Agent 的邻居关系

3. 供应商策略变异规则。为防止供应商行为演化陷入停滞，供应商按照变异率，改变自身策略。

（二）批发市场行为规则

批发市场虽然具有农产品安全管理职能，然而作为经营实体，其企业化的经营方式使批发市场经营的首要目的是追求利润。所以批发市场的策略是选择最优抽检概率，以使其自身利润最大化。记批发市场利润为 $marketProf$，入场销售农产品的供应商数量为 D，则批发市场每期期望利润为

$$marketProf = (D - D \times marketProbability) \times profit + D \times marketProbability \times (1 - marketNoPassRate) \times (profit + increasedProfit) - D \times marketProbability \times marketNoPassRate \times cost - D \times (1 - marketProbability) \times marketNoPassRate \times govProbability \times marketPenalty$$

式中：第一项 $(D - D \times marketProbability) \times profit$ 为未被批发市场抽检到并进入市场销售的供应商交纳给市场相关费用，从而给批发市场带来的利润；

第二项 $D \times marketProbability \times (1 - marketNoPassRate) \times (profit + increasedProfit)$ 为被批发市场抽检到且提供安全农产品的供应商带给批发市场的利润；

第三项 $D \times marketProbability \times marketNoPassRate \times cost$ 为被批发市场抽检到且提供不安全农产品的供应商给批发市场造成的抽检成本；

第四项 $D \times (1 - marketProbability) \times marketNoPassRate \times govProbability$

×*marketPenalty* 为进入批发市场销售不安全农产品的供应商被政府抽检到时，批发市场遭受的惩罚。

若批发市场不进行抽检，则 *marketNoPassRate* 用 *govNoPassRate* 代替。

在利润最大化前提下，批发市场对供应商进行抽检的最优概率满足下式：

$$marketProbability = \{marketProbability \mid \max \{marketProf\}, marketProbability \in [0, 1]\}$$

（三）政府行为规则

政府检测部门对农户进行随机抽检，并对抽检出有问题的供应商和批发市场进行处罚。政府随机抽检的策略有两种：一是不论抽检结果如何，一直以恒定的概率随机抽检；二是根据抽检结果，以变化的概率随机抽检。

为防止政府行为演化陷入停滞，当政府抽检概率为 0 时，政府将以一定的概率改变其抽检行为。

六　每期供应商、批发市场以及政府决策过程描述

1. 批发市场根据上期抽检过程中得到的 *marketNoPassRate* 和 *govProbability*，考虑利润、成本和政府惩罚等相关因素，计算出下期进行抽检的概率 *marketProbability*。

2. 政府以一定概率进行抽检。

3. 供应商依据上期自身策略以及所了解的邻近区域不同策略供应商利润对比，进行下期策略选择。

第三节　基于 Swarm 的模型仿真与结果分析

采用基于 Java 语言的仿真平台 Swarm2.2 按照上述规则建立模型。对农产品安全状况的仿真实验，主要依据图 5 - 4 的构架，利用多主体技术构建各参与成员主体，并设置好相应参数、交互规则及流程，最终使各主体更好地适应环境，并达到自身追求的目的。模拟程序主要包括 6 类对象：环境 BackgroundSpace 类、供应商 Supplier 类、批发市场 Market 类、政府 Gov 类、ModelSwarm 和 ObserverSwarm。通过控制输入相应的参数，揭示不同利润差距、抽检概率、政府政策等对市场上所销售的农产品安全

状况的影响。

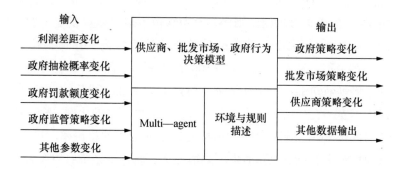

图 5-4　系统决策模型仿真描述

一　模型参数和变量说明

在仿真实验中，具体建立的模型参数和变量表述如下①：环境为 15 × 15 的二维离散空间，供应商分布于空间中的离散单元格上，即二维空间中有 225 个供应商；仿真初始有 5% 的供应商提供不安全农产品，95% 的供应商提供安全农产品；提供某安全农产品的利润为 $safeProfit = 7000$，提供不安全该种农产品的利润为 $unSafeProfit = 10000$；首期批发市场对供应商的抽检概率为 $marketProbability = 0.3$，之后各期由计算得出；批发市场从单个供应商处获得的利润为 $profit = 300$，抽检单个供应商的成本为 $cost = 10$；政府对供应商的抽检概率为 $govProbability = 0.05$，当抽检到的供应商提供的是不安全农产品时，政府将对其没收违法所得，且进行罚款，罚款额度为 $penalty = 2000$。

另外，考虑我国现状下经由批发市场销售的农产品还未实现"安全溢价"，且政府较少因农产品安全问题对批发市场进行处罚，所以 $increasedProf = 0$，$increasedProfit = 0$，$marketPenalty = 0$。

---

① 以生菜为例，昆明市呈贡区 2013 年 4 月 1 日至 9 月 30 日期间的生菜批发价格在 1—3.5 元/公斤之间波动，供应商利润水平约为 5000—15000 元，安全农产品的生产成本投入将导致成本上升 50% 左右，批发市场收取费用约为农产品价值的 2%—6%，批发市场对农产品的抽检概率为 0—30%，政府对不安全农产品的罚款额度为 2000—20000 元，一般而言，政府的罚款额度为不安全农产品价值的 20%—40%。通过不断调整参数进行大量模拟实验，结果表明，仿真数据在较大范围的参数设置下其演变趋势极为相似，各统计结果质上相同。为使不同的输入参数下，政府、批发市场和批发商的行为变化以及整个系统的演化规律更为清晰，采用第五章第三节第一部分中的参数和变量进行仿真。

二 仿真结果分析

采用上述参数进行仿真，得到供应商、批发市场和政府的策略选择结果如图 5 - 5 和图 5 - 6 所示。图 5 - 5 中绿色方块表示提供安全农产品的供应商，红色方块表示提供不安全农产品的供应商，左边为仿真周期 time = 0 时的情形，而右边为 time = 100 时的情形，图 5 - 5 表明随着时间的推移，提供不安全农产品的供应商数量大大增加。图 5 - 6 中蓝色曲线表示提供不安全农产品的供应商在所有供应商中所占的比例，橙色曲线表示政府的抽检概率，黄色曲线表示批发市场的最优抽检概率。可以看到，在政府抽检概率低下、惩罚额度不高情况下，将追求经济效益作为重要目标的供应商，因为利润差距的"刺激"，其最优"反应"就是提供不安全农产品。最终结果是提供不安全农产品供应商的比例在不断升高，市场上不安全农产品的数量不断增长，提供不安全农产品供应商的比例在经过一段周期的大幅攀升之后，稳定在某个较小的范围内小幅波动。由图 5 - 6 还可以发现：批发市场的最优抽检概率为 0，作为追求利润的经营实体，批发市场经过权衡终将选择不进行抽检。批发市场的安全管理作用未得以体现，供应商是否提供不安全农产品完全依赖政府监管。

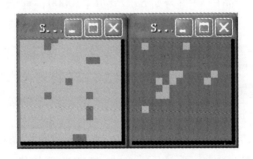

图 5 - 5 供应商 Agent 示意

三 模型参数（变量）变更及结果分析

（一）仿真 1——变更利润差距、政府抽检概率和供应商罚款额度

首先考虑变更供应商提供安全和不安全农产品的利润差距、政府抽检概率，供应商、批发市场和政府策略选择，如图 5 - 7 所示。

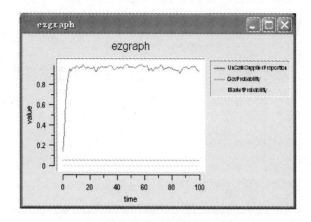

图 5 – 6　提供不安全农产品供应商比例、

政府与批发市场抽检概率趋势（*safeProfit* =7000，*govProbability* =0.05）。

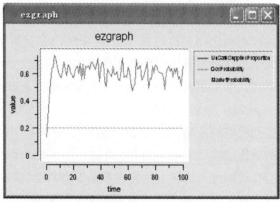

(a) *safeProfit*=7000，*govProbability*=0.2

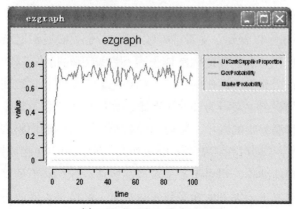

(b) *safeProfit*=9000，*govProbability*=0.05

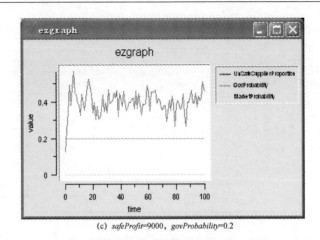

(c) *safeProfit*=9000，*govProbability*=0.2

图 5 - 7　不同利润差距和政府抽检概率下的仿真数据变化趋势

　　由图 5 - 7 可以看到，在不同利润差距和政府抽检概率情况下，提供不安全农产品供应商的比例变化趋势类似于图 5 - 6，最后均稳定在一个较小的范围内波动，且批发市场的最优抽检概率皆为 0。

　　其他参数不变，令 *safeProfit* 分别为 7000 和 9000，*govProbability* 分别为 0.05 和 0.2，*penalty* 分别为 2000、5000、10000、15000 和 20000，供应商、批发市场和政府的策略选择呈现出类似于图 5 - 6 和图 5 - 7 的趋势，批发市场的最优抽检概率依旧为 0。为进一步了解利润差距、政府抽检概率和供应商罚款额度对市场上销售农产品安全状况的影响，求得提供不安全农产品供应商比例在 100 次仿真周期时长下稳定范围内的平均值，最终随着利润差距、抽检概率和罚款额度的改变，仿真数据平均值变化如图 5 - 8 所示。

　　由图 5 - 8 可以看到，随着抽检频率的提高和供应商罚款额度的增大，提供不安全农产品供应商比例整体呈现不断减小的趋势。利润差距越小，提供不安全农产品供应商比例的变化趋势越趋于平缓，这表明利润差距越大，供应商的机会主义行为倾向越严重，供应商对于罚款额度的变化越敏感；而随着利润差距的减小，供应商的机会主义行为倾向将表现得不那么明显。由图 5 - 8 还可知，提高安全农产品的利润后，在相同抽检概率下，由于利润差距的减小，提供不安全农产品供应商比例将有所降低，且罚款额度较小的情况下，提升的效果较好。仿真 1 的结果说明政府的抽检频率越高，罚款额度越大，利润差距越小对农产品质量安全状况的改善效果

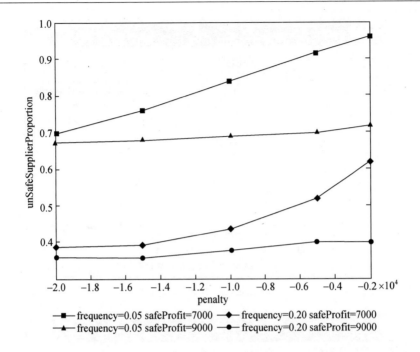

图 5 - 8　不同利润差距、抽检概率和供应商罚款额度下仿真数据平均值变化趋势

越好，然而可以看到，即使利润差距只有 1000，罚款额度达到 20000 且政府抽检概率达到 0.2 的情况下，提供不安全农产品供应商的比例依旧维持在 30% 左右的水平震荡，政府的监管不能有效控制农产品安全状况，而只能在某种程度上进行缓解。

（二）仿真 2——变更政府抽检策略

为探寻不同政府监管策略对农产品安全状况影响，构建了两种不同的监管策略。第一种为仿真 1 中的监管策略，政府监管部门按章办事，以恒定的概率随机抽检，是一种静态的监管策略；第二种为一种动态的监管策略，政府根据抽检结果，以变化的概率随机抽检，在这里取 *govProbability = govNoPassRate/2*。其他参数如第五章第三节第一部分中所述，研究 *safe Profit* 分别为 7000 和 9000 时，政府动态监管策略下，供应商、批发市场和政府的策略选择如图 5 - 9 所示。

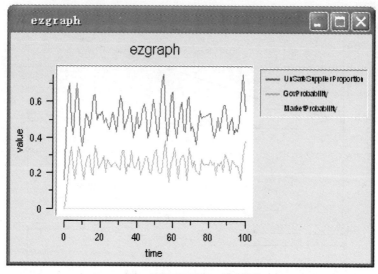

(a) *safeProfit*=7000，动态监管

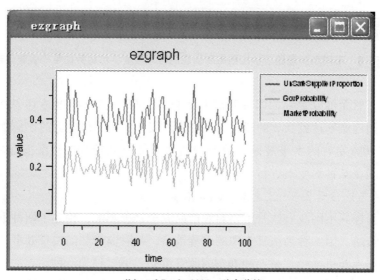

(b) *safeProfit*=9000，动态监管

图 5 - 9　不同利润差距和政府动态监管策略下的仿真数据变化趋势

　　由图 5 - 9 可以看到，批发市场的最优策略是不进行抽检，市场上所销售的农产品安全状况依赖于政府的监管力度。对比图 5 - 6、图 5 - 7 和图 5 - 9，可以得到不同利润差距和政府抽检策略下，提供不安全农产品供应商比例均值和方差如表 5 - 1 所示，批发市场和政府的抽检总次数如

表 5 - 2 所示。

表 5 - 1　　　不同利润差距和政府抽检策略下供应商比例变化

	安全农产品利润	7000			9000		
	政府抽检策略	0.05	0.2	动态监管	0.05	0.2	动态监管
提供不安全农产品	均值	0.963	0.617	0.505	0.719	0.400	0.389
供应商的比例	方差	0.018	0.055	0.091	0.049	0.054	0.102

表 5 - 2　　　仿真周期内不同利润差距和政府抽检策略下
批发市场和政府的抽检总次数

安全农产品利润	7000			9000		
政府抽检策略	0.05	0.2	动态监管	0.05	0.2	动态监管
批发市场抽检总次数	0	0	0	0	0	0
政府抽检总次数	1125	4500	5655	1125	4500	4544

由表 5 - 1 可以发现，相同利润差距状况下，政府采用动态监管策略相比于采用 0.05 的恒定抽检概率来说，对农产品安全状况虽有较大改善，然而相比于采用 0.2 的恒定抽检概率来说，这种改善并不明显，且对比不同情况下提供不安全农产品供应商比例方差可以看出，动态监管策略下，农产品安全状况的波动幅度相较于政府采用恒定抽检概率时大。而由表 5 - 2 可知，即使单个批发市场的农产品抽检样品只有 225 种，政府的抽检概率仅为 0.05，100 个仿真周期后政府的抽检样品数也达到了 1125 个。而 2007 年云南省农产品批发市场质量安全监督抽检工作中，在全省 35 个大中型农产品批发市场中总共也只抽检了 540 个样品，政府对批发市场所售农产品的抽检概率之低，可见一斑。

通过以上分析可以看到，鉴于资源有限等原因，现状下我国政府的抽检概率较为低下，且政府采用动态监管策略，不能有效控制农产品安全状况。

（三）仿真 3——变更批发市场罚款额度和政府抽检策略

依旧采用第五章第三节第一部分中所述参数，但引入政府对批发市场的惩罚额度，政府抽检策略为静态抽检（$govProbability = 0.2$）和动态抽检，令 $maketPenalty$ 分别为 500 和 2000，供应商、批发市场和政府的策略选择如图 5 - 10 所示。

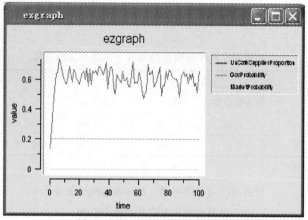

(a) *marketPenalty*=500，*govProbability*=0.2

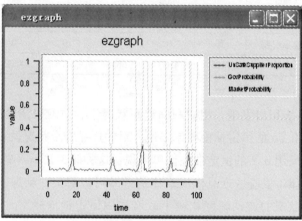

(b) *marketPenalty*=2000，*govProbability*=0.2

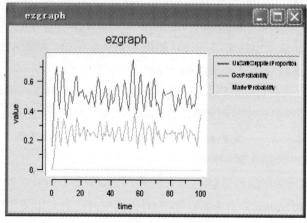

(c) *marketPenalty*=500，动态监管

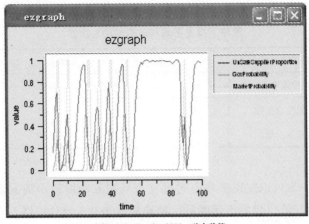

(d) *marketPenalty*=2000，动态监管

图 5 – 10　不同批发市场罚款额度和政府抽检策略下的仿真数据变化趋势

当政府选择静态监管时，由图 5 – 10（a）可知，即使政府抽检概率达到 0.2，若政府对批发市场的罚款额度较小，批发市场的最优策略依旧是不抽检，而只有当政府对批发市场的罚款额度较大时，才会对批发市场产生威慑，从而促使批发市场对进场供应商进行抽检，且可以看到，批发市场的最优抽检概率取 0 或 1，即批发市场的最优策略是全部抽检或全部不检，如图 5 – 10（b）所示。当政府选择动态监管时，由图 5 – 10（c）可知，较小的批发市场罚款额度，使批发市场选择不抽检；而由图 5 – 10（d）可以看到，虽然较大的罚款额度使得批发市场的最优抽检概率同样取 0 或 1，然而与图 5 – 10（b）所示不同的是，批发市场多数情况下将选择全部不检。

对比图 5 – 10 中的各子图，可以得到不同批发市场罚款额度和政府抽检策略下，提供不安全农产品供应商比例均值和方差如表 5 – 3 所示，批发市场和政府的抽检总次数如表 5 – 4 所示。

表 5 – 3　不同批发市场罚款额度和政府抽检策略下供应商比例变化

	批发市场罚款额度	500		2000	
	政府抽检策略	0.2	动态监管	0.2	动态监管
提供不安全农产品供应商的比例	均值	0.617	0.505	0.024	0.574
	方差	0.055	0.091	0.042	0.389

表5-4 仿真周期内不同批发市场罚款额度和政府抽检
策略下批发市场和政府抽检总次数

批发市场罚款额度	500		2000	
政府抽检策略	0.2	动态监管	0.2	动态监管
批发市场抽检总次数	0	0	18450	2925
政府抽检总次数	4500	5655	4500	1409

从表5-3可以发现，政府对批发市场罚款额度较小情况下，因政府惩罚威慑力较低，批发市场的最优抽检概率为0，此时提供不安全农产品供应商比例的均值和方差与无批发市场罚款额度时相同。只有政府对批发市场罚款额度较大时，其对市场惩罚的威慑力才得以体现，可以看到当政府采用静态监管，抽检概率为0.2时，相对于无批发市场罚款额度的情况[见图5-7（a）]，提供不安全农产品供应商比例的均值有大幅度下降，市场上97.6%的农产品是安全的，农产品安全状况的波动幅度很小；而当政府采用动态监管时，农产品安全状况的波动幅度非常大，不同时期市场上所销售不安全农产品的比例在0—100%之间波动。而由表5-4可知，即使对批发市场的处罚额度达到2000，100个仿真周期内动态监管策略下政府的抽检总次数依旧达到1409次，这对于有限的政府资源来说仍然是一个挑战。

通过以上分析可以看到，在只引入批发市场罚款额度的情况下，政府采用动态监管策略，并不能有效控制农产品安全状况，其改善效果相比于抽检概率为0.2的静态监管反而差许多。

（四）仿真4——变更批发市场额外收益和政府抽检策略

以第五章第三节第一部分中的参数为基础，令$marketPenalty=500$，并使批发市场额外收益$increasedProfit$分别为5和10，政府抽检策略为静态抽检（$govProbability=0.2$）和动态抽检，为避免供应商安全溢价干扰，令$increasedProf=0$。供应商、批发市场和政府的策略选择如图5-11所示。

当政府选择静态监管时，对比图5-11（a）和图5-11（b）可知，即使政府抽检概率达到0.2，在政府对批发市场的罚款额度较小的情况下，批发市场额外收益需达到某一水平，才能使批发市场的最优抽检概率为 1，此时批发市场的安全管理作用得以充分发挥。当政府选择动态监管时，由图 5－11（c）和图 5－11（d）可以看到，当批发市场额外收益较小时，批发市场的最优抽检概率在 0 和 1 间频繁波动；批发市场额外收益较大时，批发市场的最优抽检概率最后稳定在 1。

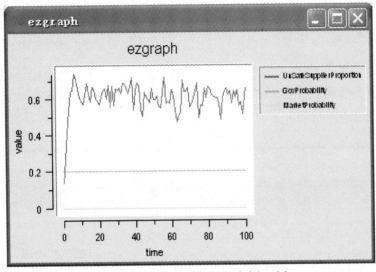

(a) *increasedProfit*=5，*govProbability*=0.2

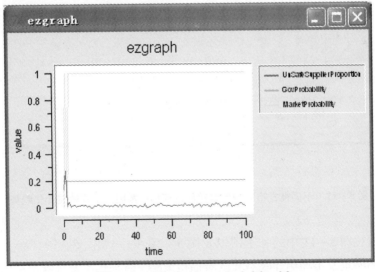

(b) *increasedProfit*=10，*govProbability*=0.2

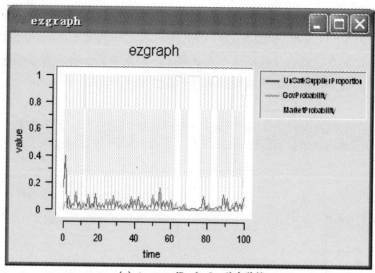

(c) *increasedProfit*=5，动态监管

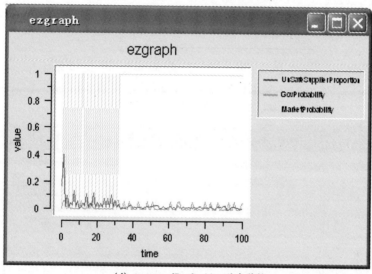

(d) *increasedProfit*=10，动态监管

图 5－11　不同批发市场额外收益和政府抽检策略下仿真数据变化趋势

　　对比图 5－11 中的各子图以及图 5－10（a）和图 5－10（c），可以得到不同批发市场额外收益和政府抽检策略下，提供不安全农产品供应商比例的均值和方差如表 5－5 所示，批发市场和政府的抽检总次数如表5－6 所示。

表 5 – 5　不同批发市场额外收益和政府抽检策略下供应商比例变化

		批发市场额外收益	0		5		10	
		政府抽检策略	0.2	动态监管	0.2	动态监管	0.2	动态监管
提供不安全农产品供应商的比例	均值		0.617	0.505	0.617	0.032	0.010	0.019
	方差		0.055	0.091	0.055	0.035	0.007	0.024

表 5 – 6　仿真周期内不同批发市场额外收益和政府抽检策略下批发市场和政府抽检总次数

批发市场额外收益	0		5		10	
政府抽检策略	0.2	动态监管	0.2	动态监管	0.2	动态监管
批发市场抽检总次数	0	0	0	13050	22275	19125
政府抽检总次数	4500	5655	4500	238	4500	217

由表 5 – 5 可知，同时引入批发市场罚款额度和批发市场额外收益，政府若采用静态监管，当批发市场额外收益较小时，因政府惩罚威慑力较低，又较小的额外收益也无法对批发市场产生激励，所以批发市场的最优抽检概率为 0，此时提供不安全农产品供应商比例均值和方差与无批发市场额外收益时相同；而当批发市场额外收益较大时，虽然 0.2 的政府抽检概率无法对批发市场产生威慑力，但较大额外收益无疑对批发市场产生良性"刺激"，从而使批发市场做出全部抽检的"反应"。可以看到，当政府采用静态监管，抽检概率为 0.2 时，相对于批发市场额外收益较小甚至没有的情况，较大额外收益将促使批发市场进行抽检，最终提供不安全农产品供应商比例的均值有大幅度下降，市场上 99% 的农产品是安全的，农产品安全状况的波动幅度很小。而政府若采用动态监管，通过对比可以发现，其对农产品安全状况的改善效果非常好。特别地，在批发市场额外收益较小 $increasedProfit = 5$ 时，相对于静态监管而言，政府采用动态监管不仅能大大降低提供不安全农产品供应商的数量，而且还能使政府抽检概率大大降低，并维持在一个很小的范围内波动，从而降低政府抽检负担。而由表 5 – 6 可知，即使对批发市场处罚额度只有 500，当批发市场的额外收益为 5 时，100 个仿真周期内动态监管策略下政府的抽检总次数只有238 次，这无疑大大减轻了政府的监管压力。

通过以上分析可以看到，同时引入批发市场罚款额度和批发市场额外收益的情况下，相比于静态监管，政府采用动态监管策略，不仅能够改善市场上农产品的安全状况，使提供安全农产品供应商的数量达到95%以上，而且此时政府只需以一个很小的概率进行抽检，如此一来，不仅大大降低了政府的抽检次数，也降低了政府监管成本。

（五）仿真5——变更供应商信息获得范围

在第五章第三节第一部分所述参数基础上，探讨变更供应商信息获得范围对其安全行为的影响。假设供应商不仅了解其相邻的8个供应商，而且通过信息渠道，获得政府和批发市场管理方对整个市场的抽检策略和概率。考虑安全农产品利润 *safeProfit* 分别为7000和9000，政府的抽检概率 *govProbility* 分别为0.05和0.2，供应商、批发市场和政府的策略选择如图5-12所示。

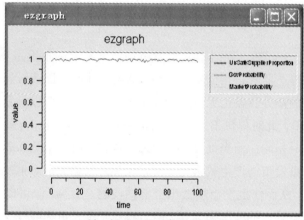

(a) *safeProfit*=7000, *govProbability*=0.05

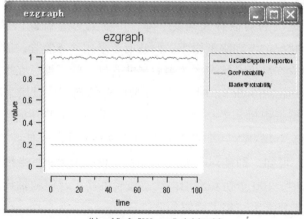

(b) *safeProfit*=7000, *govProbability*=0.2

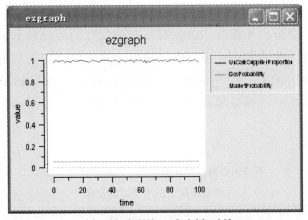

(c) *safeProfit*=9000，*govProbability*=0.05

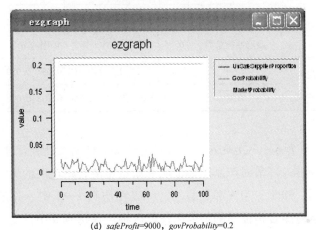

(d) *safeProfit*=9000，*govProbability*=0.2

图 5 - 12　供应商获得整体抽检信息时不同利润差距和
政府抽检概率下仿真数据变化趋势

　　对比图 5 - 6、图 5 - 7 和图 5 - 12 中的各子图，可以得到供应商获得和未获得市场整体抽检信息时，提供不安全农产品供应商比例的均值和方差，如表 5 - 7 所示。

　　由表 5 - 7 可知，不同利润差距和政府抽检概率下，供应商是否获得市场整体抽检信息对于其是否提供安全农产品具有截然不同的影响。当安全农产品利润较低或政府抽检概率较小时，供应商获得市场整体抽检信息将导致市场上提供不安全农产品供应商比例上升、农产品安全水平降低。而当安全农产品利润较高且政府抽检概率较大时，供应商获得市场整体抽检信息将导致市场上提供不安全农产品供应商比例下降、农产品安全水平提升。这表明，安全农产品利润较低或政府抽检概率较小时，政府和批发市场应尽量阻止其对整个市场的抽检策略和概率等信息的扩散，而当安全农产品利润较高且政府抽检概率较大时，政府和批发市场应尽量向供应商传达其对整个市场的抽检策略和概率等信息。

表 5 −7　　　　　不同供应商信息获得范围、利润差距和政府
抽检概率下供应商比例变化

	市场整体抽检信息	未获得				获得			
	安全农产品利润	7000		9000		7000		9000	
	政府抽检策略	0.05	0.2	0.05	0.2	0.05	0.2	0.05	0.2
提供不安全农产品供应商的比例	均值	0.963	0.617	0.719	0.400	0.989	0.989	0.989	0.010
	方差	0.018	0.055	0.049	0.054	0.008	0.008	0.008	0.008

（六）仿真6——变更农产品入市质量安全证明文件可信度

因市场准入环节对产品产地证明和质量检测合格证明的考察一般起不到实际作用，80%—90%都是假的，所以在仿真1—5中，并未对持有和未持有质量检测合格证明的供应商加以区别。在仿真6中，变更质量检测合格证明的可信度，认为其完全可信，具有质量检测合格证明的农产品可不经抽检，直接入场。如此一来，政府和批发市场将对未持有质量检测合格证明的供应商拥有更高的抽检力度。以第五章第三节第一部分中参数为基础，假定销售安全农产品的供应商中，有50%持有产地证明和质量检测合格证明，考虑安全农产品利润 safeProfit 分别为 7000 和 9000，政府的抽检概率 govProbability 分别为 0.05 和 0.2，供应商、批发市场和政府的策略选择如图5−13所示。

对比图5−6、图5−7和图5−13中的各子图，可以得到质量安全证明文件可信和不可信时，提供不安全农产品供应商比例的均值和方差，如表5−8所示。

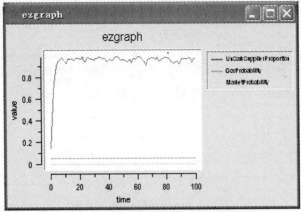

(a) *safeProfit*=7000，*govProbability*=0.05

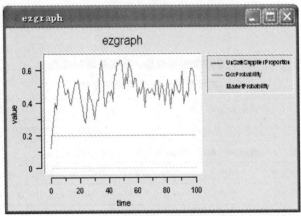

(b) *safeProfit*=7000，*govProbability*=0.2

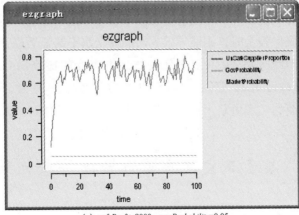

(c) *safeProfit*=9000，*govProbability*=0.05

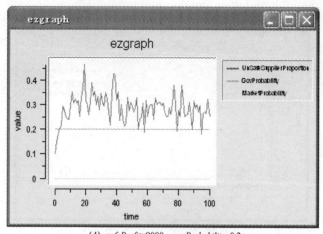

(d) *safeProfit*=9000, *govProbability*=0.2

图 5 – 13　证明文件可信时不同利润差距和政府抽检概率下仿真数据变化趋势

表 5 – 8 　　　　　　　不同证明文件可信度、利润差距和政府
抽检概率下供应商比例变化

	质量安全证明文件	不可信				可信			
	安全农产品利润	7000		9000		7000		9000	
	政府抽检策略	0.05	0.2	0.05	0.2	0.05	0.2	0.05	0.2
提供不安全农产品	均值	0.963	0.617	0.719	0.400	0.965	0.485	0.680	0.293
供应商的比例	方差	0.018	0.055	0.049	0.054	0.018	0.084	0.058	0.051

　　由表 5 – 8 可以看到，质量安全证明文件的可信度对于农产品安全水平的提升具有一定影响。若政府抽检概率较小，这种影响并不明显，而当政府的抽检概率较大时，则能导致农产品安全水平的显著提升，如安全农产品利润为 7000 时，提供不安全农产品供应商的比例由 0.617 下降为 0.485，下降幅度为 21.4%；而安全农产品利润为 9000 时，提供不安全农产品供应商的比例由 0.4 下降为 0.293，下降幅度为 26.8%。

第四节　基于正交试验设计的政府最优策略选择

　　通过以上 6 个仿真实验可以看到，农产品安全状况会随着政府抽检策略、信息畅通情况等不同而有所不同，然而究竟哪种因素是影响农产品质量安全的主要因素，有待进一步研究。本节通过正交试验设计探索影响农产品安全的主要因素，以期为政府策略选择提供帮助。

通过正交试验探讨不同政府抽检、信息畅通以及批发市场惩罚情形下农产品安全状况。在试验中，每个因子取 3 种水平，即因子 A 为政府抽检，其水平 1 为采用静态抽检且抽检概率为 0.05，水平 2 为采用静态抽检且抽检概率为 0.2，水平 3 为动态抽检；因子 B 为信息畅通情况，其水平 1 为信息不畅通，批发市场无法获得额外收益，水平 2 为信息畅通，批发市场获得额外收益 5，水平 3 为信息畅通，批发市场获得额外收益 10；因子 C 为批发市场罚款额度，其水平 1 为批发市场不会因为场内有不安全农产品销售而遭受政府处罚，罚款额度为 0，水平 2 为批发市场将会因场内销售不安全农产品而遭受政府处罚，罚款额度为 500，水平 3 为批发市场将会因场内销售不安全农产品而遭受政府处罚，罚款额度为 2000。建立试验方案并进行计算得到结果，如表 5－9 所示。

表 5－9　　　　　　　　　　　正交试验方案计算

	A	B	C	空列	试验结果
	1	2	3	4	提供不安全农产品供应商比例 Y_i（%）
1	1	1	1	1	96.3
2	1	2	2	2	3
3	1	3	3	3	1.1
4	2	1	2	3	61.7
5	2	2	3	1	1.1
6	2	3	1	2	61.7
7	3	1	3	2	57.4
8	3	2	1	3	3.2
9	3	3	2	1	1.9
K_{j1}	100.4	215.4	161.2	99.3	$K = 287.4$
K_{j2}	124.5	7.3	66.2	122.1	$P = 9177.6$
K_{j3}	62.5	64.7	59.6	66	$Q = 20207.5$
Q_j	9828.9	16878.9	11324.4	9708.3	
S_j^2	651.3	7701.3	2146.8	530.7	$S_T^2 = 11030.1$

表 5-9 中，i 表示行，j 表示列，K_{jl} 是第 j 列中相应于水平 l 的所有试验结果之和，K 是全体试验结果的和 $\sum_{i=1}^{9} Y_i$，$P = \frac{1}{3}K^2$，$Q_j = \frac{1}{3}\sum_{l=1}^{3} K_{jl}^2$，$S_j^2 = Q_j - P$，$Q = \sum_{i=1}^{9} Y_i^2$，$S_T^2 = S_1^2 + S_2^2 + S_3^2 + S_4^2$。接着进行各因素显著性分析，如表 5-10 所示。

表 5-10 方差分析

方差来源	平方和	自由度	均方差	F 值	显著性
因子 A	651.3	2	325.7	1.23	
因子 B	7701.3	2	3850.7	14.51	(*)
因子 C	2146.8	2	1073.4	4.05	
误差	530.7	2	265.4		
总和	11030.1	8			

$F_{0.90}(2, 2) = 9.00$，$F_{0.95}(2, 2) = 19.00$，$F_{0.99}(2, 2) = 99.00$，由表 5-10 可知，因子 B 的作用显著，对农产品安全产生影响的主要因素为信息是否通畅，且由计算表可以看出 $K_{22} < K_{23} < K_{21}$，因此，较优的水平是 B_2，又由前述 6 个仿真实验结果可知，从政府降低成本和提高威慑力的角度出发，可以采用动态抽检策略并对批发市场进行高额罚款。因此，较好的因子水平搭配是 $A_3 B_2 C_3$，即政府首先应着手畅通信息，以使得批发市场可以获得额外收益，然后进行动态抽检，并加大对批发市场销售不安全农产品的处罚力度，使其达到 2000。

第五节 本章小结

基于计算机的仿真实验是管理科学中一种全新研究方法，在分析中国一些经济发展中的现象有其独特的优势。本章首先介绍了 CAS 及其在管理领域中的应用情况，简述了 Swarm 模拟仿真技术。在此基础上，将农产品质量安全系统视为一个复杂的适应系统，并基于 Swarm 软件平台对农产品质量安全系统进行了多主体建模。模型包括了一个政府主体、一个批发市场主体和多个供应商主体，交互时各主体遵循其自身规则。

　　模型分析和仿真实验结果表明，在不同状况下，政府的最优策略选择不同。在批发市场既不会因农产品不安全而遭受政府惩罚，也不会因农产品安全而获得额外收益的情况下，虽然政府采用较高的恒定抽检概率，提供不安全农产品供应商的比例依旧维持在某种水平震荡，政府的监管不能有效控制农产品安全状况，而只能在某种程度上进行缓解，然而相比于动态监管时的农产品安全状况与政府抽检概率波动幅度较大从而增加了不确定性而言，政府采用较高的恒定抽检概率无疑要优于动态监管。在批发市场会因农产品不安全而遭受政府惩罚，但不会因农产品安全而获得额外收益情况下，政府若采用动态监管，批发市场罚款额度较低时，提供不安全农产品供应商的比例与无批发市场罚款额度时相同，批发市场罚款额度较高时，提供不安全农产品供应商的比例在仿真周期内呈现大幅度变动，此时政府采用较高的恒定抽检概率和批发市场罚款额度，对农产品安全状况改善效果最好。在批发市场既会因农产品不安全而遭受政府惩罚，又会因农产品安全而获得额外收益情况下，政府采用动态监管不仅能够大大改善市场上农产品的安全状况，而且政府只需以一个很小的波动概率进行抽检，也大大降低政府监管成本，此时政府的最优策略是采用动态监管。在不同利润差距和政府抽检概率下，供应商获得市场整体抽检信息与否将导致市场上农产品安全水平呈现截然不同的结果。另外，质量安全证明文件的可信度也对农产品安全水平产生影响。

　　可以看到，现状政府的抽检概率较为低下，对于我国政府而言，短期为保障农产品安全，其最优策略是采用较高的恒定抽检概率，并加大对批发市场的罚款额度。而就长期来看，由正交试验的结果可知，为降低监管成本，提高监管效率，政府除了加大对批发市场的罚款额度，应首先着重畅通信息，同时对批发市场和消费者进行引导，实现市场上农产品"安全溢价"，并采用动态监管方式保障农产品安全。

第六章　批发商主导型农产品质量安全可追溯系统建设

　　我国是一个农业大国，却不是农业强国。近年来频发的农产品、食品质量安全事件，引发了人们的信任危机，使农产品、食品安全问题成为社会公众关注的焦点。大量研究成果表明，农产品质量安全问题为其供应链上的信息不对称和逆向选择所致。农产品具有信用品属性，质量安全作为内在品质，从外观上难以为消费者辨识，而在无法辨识农产品安全品质的情况下，"安全溢价"无法实现，逆向选择最终导致了"柠檬市场"的出现。为解决信息不对称问题，欧盟及其他发达国家率先建立了农产品质量安全可追溯系统，记录农产品从生产到流通各个阶段的相关信息，以有效进行质量控制并在必要时召回产品和进行有针对性的惩罚。实施农产品可追溯已成为农产品国际贸易发展趋势，欧美等一些发达国家和地区要求出口到当地的部分食品必须具备可追溯性要求。可追溯系统可以实现农产品安全信息的正向传递和逆向追溯，从而使供应商获得"安全溢价"成为可能。在借鉴国外先进经验并结合国内实际情况的基础上，我国自2004年以来陆续在各地试点建设农产品、食品质量安全可追溯系统，然而因我国的情况远较国外复杂，试点过程中存在许多问题，可追溯系统建设成果不尽如人意。

　　本章通过深入分析农产品供应链特点，揭示我国农产品供应链质量安全可追溯系统建设困难的成因，探寻可追溯系统建设思路并提出其建设路径。

第一节　农产品质量安全可追溯系统概述

一　农产品质量安全可追溯系统概念

农产品质量安全可追溯体系是一种针对农产品供应链进行全程式监控

的体系，通过对农产品种植（养殖）、分销、零售等环节所产生的各种信息，如产地、构成、来源、流向以及生产和流通过程中任意环节所产生的相关信息，进行准确的识别、记录以及传递，对农产品安全进行监控与管理，以实现农产品安全信息的正向传递和逆向追溯，并使消费者能够全面了解农产品的种植（养殖）和流通过程，最终达到减少或是避免农产品质量安全问题发生的目的。建立合理、高效的农产品质量安全可追溯体系，一旦出现农产品安全问题，能够及时从源头加以控制，从而将损失与危害降到最低限度。

二　农产品质量安全可追溯系统相关研究

近年来，无论国外还是国内都对农产品可追溯系统做了大量研究，并获得了丰富成果，主要集中在农产品可追溯系统制度的建立与发展、基于信息技术的可追溯系统的设计与实现、农产品供应链上成员行为分析以及农产品安全可追溯绩效评价等方面，以从不同角度探索"从农田到餐桌"可追溯系统的有效建设途径和对策。

农产品可追溯制度最初是欧盟为应对疯牛病引入的，后来美国和日本等发达国家也相继建立了可追溯制度。我国学者介绍了欧盟、美国等发达国家的农产品可追溯制度的相关法律法规和内容，并在对比发达国家的可追溯应用状况基础上，分析了我国在建设实施过程中存在的问题并提出建议。可追溯系统的实施必须依赖信息技术，王立方（2005）归纳总结了相关信息技术，包括数据库技术、条形码技术、电子技术、网络技术、GPS 和 GIS 技术、人工智能和模式识别技术以及生物信息学技术等。现有文献多是采用或改进其中一种或几种技术实现追溯，如谢菊芳（2006）运用二维条码技术、RFID 技术和组件技术实现了基于 . NET 构架的猪肉安全生产的追溯系统；Abad（2009）、Patrizia（2012）等采用 RFID 技术进行食品的实时追踪；余华（2011）设计了一种改进的农产品追溯码；顾小林（2011）建立了基于改进 KS 方法的食品安全追溯信息检索模型以有效地查找 Web 网络环境下问题食品信息。可追溯系统的有效性还受供应链成员的行为影响，有效可追溯系统的建立一方面与消费者收集和辨别信息的能力以及由于农产品可追溯而导致的额外成本的支付有关；另一方面与生产经营者标识信息的能力、成本以及标识与政府监管手段的整合等有关。Pouliot（2008）和 Kenyon（2004）通过实证研究获得了影响消费者对农产品追溯属性的支付意愿因素，我国学者也进行了消费者支付意愿分析，结果表明，健康关注程度与购买意愿之间存在正向关系，消费者对可追溯性农产品认知水平和信任水平的提高会显著影响消费者购买意愿。而针对生产者实施追溯的行为和动机，Buhr（2003）的研究认为是为了减少生产过程中的信息不对称、道德风险和机会主义行为的不确定性及促进产业组织的纵向协作以减少交易费用，而国内杨秋红（2009）通过实证研究表明企业获得的质量认证、产品是否出口、政府政策、风险预期和企业对消费者对具有可追溯性农产品的支付意愿预期变量对建立农产品可追溯系统的意愿有不同程度的影响；周洁红（2007）通过调查分析农户行为得出有关可追溯制度法规的不完善、政策宣传不到位及政府监督力量薄弱等因素是农户参与意愿不高的主要原因。实施农产品安全可追溯的绩效主要体现在供应链管理、农产品质量安全控制和产品差异化三个方面的收益。Bracken（2005）和 Blancou（2001）认为，供应链管理的利益来源于供应链各阶段不断增加的透明度，并通过从农户到零售商的效率改善获得。Alberta（2007）认为，质量安全可追溯能提供可证实和完整的质量安全控制及生产记录，允许问题产品进入供应链的风险被大大减少，从而减少责任及产品召回的概率。产品差异化方面，McKean（2001）认为，质量安全可追溯通过对产品沿供应链活动情况的记录，增加了销售信用品特征的能力。可追溯性对顾客来说，在保证产品安全方面具有很重要的作用。顾客更关心基于可追溯性的质量保证，更偏爱易理解及能快速处理的信息。Wendy（2008）指出，顾客使用追溯系统可获得健康、质量、安全以及控制等方面的益处，而后者又与信任和信心相关。

有关农产品可追溯系统的研究成果很多，但针对我国批发商主导型农产品质量安全可追溯系统的研究并不多见。

第二节　批发商主导型农产品质量安全可追溯系统分析

一　我国农产品供应链特点

第一，流通农产品数量大，品种多，品质参差不齐，粗加工农产品附加值低，具有易腐性。安全品质作为其内在属性，难以被肉眼辨识，多数不合格农产品每次导致的损害都是轻微的，短期难以察觉，长期又难以认定。

　　第二，供应链上参与者众多，涉及数量庞大的小农户，不同规模的运销批发商、零售商和消费者。总体而言供应链成员规模小，组织化程度低，而其源头的小农户更具有文化素质不高的特点。

　　第三，供应链标准化程度不高。农产品检验检测和质量等级评价标准化、操作流程和物流用具标准化是规范化管理和运营的保障，而我国这些标准体系还未建立或完善。

　　第四，农产品监管力度仍显不足。政府对市场抽检农产品的频率不高，市场监管不严的现象依旧存在。

　　我国学者借鉴国外经验提出以超市或企业为主导构建农产品可追溯系统，并获得值得肯定的成果，但是占据我国农产品总产量的绝大多数、基于"批发商＋农户"模式的农产品可追溯系统建设路径并不清晰，又因我国农产品供应链自身特点，很难实现对供应链内每个节点的完全监控，致使其可追溯系统的建设越发困难。然而鉴于我国的复杂现状，多数农产品通过批发市场、农贸市场流入消费者的"菜篮子"，所有农产品供应实现"农超对接"还有很长的路要走，而在这一过程中，为保障农产品安全，必须构建占总产量绝大部分的批发商主导型农产品质量安全可追溯系统。

二　批发商主导型农产品质量安全可追溯系统建设理论分析

　　经过近十年的努力，在我国相关政府部门的推动下，已探索出许多有效可追溯措施，但是我国的可追溯体系建设还存在一些问题，如利益相关者的积极性低、可追溯系统运行及监管成本高等。这些问题的存在将阻碍我国农产品质量安全可追溯系统的实施和推广，必须从理论上探索问题的症结所在，以探寻出批发商主导型农产品可追溯系统建设思路。从已有的实证研究成果来看，除了政府法律法规不完善、政策宣传不到位等原因，市场机制的无效性无疑在可追溯系统的艰难实施中也扮演了一个重要角色。

　　从信息经济学理论角度看消费者行为。由于信息不对称而导致的逆向选择行为在农产品市场上已经屡见不鲜，可追溯系统的建设正是为了消除这种不对称，将私人信号传递给没有信息的消费者一方。然而消费者对可追溯系统的认知度很低，且绝大多数消费者依旧持怀疑态度，假冒无公害蔬菜、有机蔬菜、绿色猪肉等诸如此类事件一再出现，对于消费者信任的冲击可想而知，谁又能保证可追溯系统中提供的所有信息真实有效？在市场信用体系还未建立起来的情况下，消费者无从确认更高的价格是否能得到更大的效用，另不安全农产品产生的危害短期无法显现，也使许多消费者产生侥幸心理。种种因素共同影响需求端的消费者行为，从而形成"优质不优价"局面。

从成本收益理论的角度看农产品生产经营者的行为。在市场经济条件下，任何一个理性经济人在进行经济活动时，都要考虑具体经济行为在经济价值上的得失，以便对投入与产出关系有一个尽可能科学的估计。而在我国农产品供应的"优质不优价"，通过批发商经由传统批发市场、农贸市场销售出去的绝大多数农产品又并无品牌效应，实施可追溯将只见成本不见收益，且普通农产品依旧具有广大市场，进行抽检以及实施不合格农产品处罚机制的频率很低，综合以上因素，无论是小农户还是农产品批发商和零售商，建设可追溯系统的动力并不足够，市场机制对供应端的激励效用几乎等于零。

第三节　批发商主导型农产品质量安全可追溯系统建设

从以上分析可以看出，长期信息不对称以及频发的质量事件导致了消费者对现有质量信号的不信任，而消费者的信任度低又致使市场上可追溯农产品无法实现"安全溢价"，以上状况兼之实施抽检和对不合格农产品进行处罚频率低的现状，对生产经营者建设可追溯系统的动力产生很大影响。信息的不畅和市场监管的低效致使市场机制无法发挥应有作用，而一味依赖政府的倡导和推动，缺乏市场内在动力，最终使得整个系统的运行效率低下。因此，批发商主导型农产品可追溯系统必须调动利益相关者积极性，以消费者信心为基础、批发商动力为支撑，采用发挥市场能动性为主，政府监管推动为辅的建设思路，通过政府引导和市场机制的内在作用，构建实用、高效的可追溯系统。

一　批发商主导型农产品质量安全可追溯系统设计

批发商主导型农产品供应链主要由农户、运销商、分销商、零售商以及消费者组成，其可追溯系统的基本框架如图 6 - 1 所示。

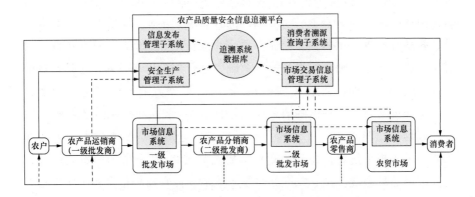

图6-1　批发商主导型农产品可追溯系统基本框架

从图6-1中可以看出，批发商主导型农产品可追溯系统由两大部分组成；一是建设在市场内的市场信息系统；二是农产品质量安全信息追溯平台。

（一）市场信息系统

每个市场都需建立市场信息系统，上游市场向下游市场传输信息，传输手段为农产品销售商所持有的 IC 卡。此 IC 卡要求每个农产品销售商必须办理，用于入场登记、检验登记和交易记录，是农产品销售商进行交易的凭证。市场信息系统功能结合《全国肉类蔬菜流通追溯体系建设规范（试行）》相关内容，其示意如图6-2所示。

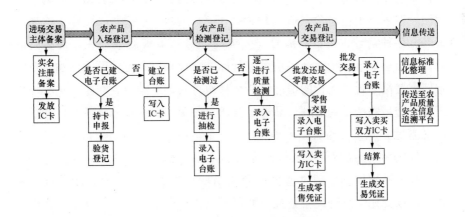

图6-2　市场信息系统功能示意

农产品销售商进入交易市场时，必须使用 IC 卡进行入场登记，如没有 IC 卡，则需在市场备案并由市场发放 IC 卡。该 IC 卡具备唯一编号，即为销售商编号，并在其中录入销售商的基础信息，包括姓名、身份证号、联系方式等。销售商进场后，确认所销售的农产品是否建立电子台账，若还未建立，则要在市场信息系统中进行相关信息录入，包括销售的农产品品牌、品种、数量（重量）、采摘（屠宰）日期、产地、产地证明、认证情况等，并将这些信息写入销售商 IC 卡，若有种植（养殖）农户（基地）信息也应一并录入。一般来说，运销商需要通过人工方式在系统中录入相关信息，而分销商和零售商只需将 IC 卡中的信息读取并传送入市场信息系统。建立农产品电子台账后，需在市场信息系统中申报并由市场管理方依据交易凭证分批验货。验货完毕后查询 IC 卡中是否有检验合格的记录，若没有记录，则由政府部门检测人员或第三方检测机构按相关法律法规的规定对每种类别的农产品逐一进行质量检测，若有记录，则不再检验或者随机抽取其中一种或几种农产品进行检验，如此可一定程度上减少重复检测的工作量和降低成本。检验完毕后将结果输入到电子台账中，不合格农产品需停止交易、进行销毁。交易时，确认好购买农产品的品牌、品种、价格、数量（重量）后，将这些数据以及交易双方姓名、编号、摊位编号等信息录入电子台账，并同时将这些信息以及检验结果、认证情况写入买卖双方的 IC 卡，如果是批发交易，则双方通过持 IC 卡到电子中心结算，获得带有追溯码的交易凭证，若为零售交易，则通过局域网将农产品信息传至电子秤，利用电子秤为消费者打印带有追溯码的零售凭证。追溯码中应包含采摘（屠宰）日期、农户（基地）编号、产品品牌名、品种编号、运销商编号、分销商编号和零售商编号等。交易完成后，由市场信息系统对交易信息进行标准化处理，并上传至农产品质量安全信息追溯平台，上传的信息包括交易双方姓名、编号、联系方式、摊位编号、交易农产品的品牌、品种、数量（重量）、采摘（屠宰）日期、农户（基地）编号、检验结果等。

（二）农产品质量安全信息追溯平台

农产品质量安全信息追溯平台包括四个子系统：安全生产管理子系统、市场交易信息管理子系统、消费者溯源查询子系统和信息发布管理子系统。信息由安全生产管理子系统、市场交易信息管理子系统流入到追溯系统数据库中，经过信息处理后，可通过消费者溯源查询子系统、信息发布管理子系统进行相关信息查询。安全生产管理子系统中包括产地环境信息、生产过程信息、加工包装信息、运输信息以及产品信息等，可由农户或运销商定期录入。市场交易信息管理子系统接收来自市场管理方上传的市场信息系统中的部分数据。而消费者在市场购买带有追溯码的农产品后，可采用手机短信、电话或互联网方式查询。通过消费者溯源查询子系统可查询到所购买农产品的品牌，品种，数量（重量），采摘（屠宰）日期，检测结果，是由哪个农户（基地）生产，产地在哪里，经由哪个运销商、分销商及零售商最后到达自己手中。若安全生产管理子系统中已由农户或运销商录入数据，消费者还可获得农产品的产地环境情况、农药、化肥、兽药、添加剂施用、使用情况等。信息发布管理子系统可以为农产品供应链上的各成员提供最新资讯、政策法规、行业标准等信息，另外消费者还可通过该系统查询所购农产品的认证情况是否属实。

二　批发商主导型农产品质量安全可追溯系统建设路径

批发商主导型农产品质量安全可追溯系统建设不能一蹴而就，必须依据实际情况健康、稳步地逐层推进。

首先，由市场内部建设主体或政府牵头建设市场信息系统，以保持信息流畅，增强消费者信任度。此系统由两部分组成，一是市场内悬挂的大型电子信息屏，二是市场内部交易信息系统。电子信息屏用于向消费者实时播报农产品销售商基础信息以及农产品质量安全基础信息，农产品销售商基础信息包括销售商编号、摊位编号、经营品种等，而农产品质量安全基础信息则包括农产品认证情况、安全检测情况。虽然我国实行了市场准入制度，然而各批发市场之间存在客货源竞争，市场管理方为防客户流失将会放松执行力度，所以农产品安全检测情况即合格与否必须由政府或为消费者认同的、无利益关系的第三方检测机构检测得到，且此类信息必须在电子板上注明以明确告知消费者，从而防止市场方欺瞒行为，增强消费者信心，此信息还可为农产品"安全溢价"提供可靠依据，而对于检测不合格产品严格实施处罚规定。市场内部交易信息系统则完成市场信息系统的功能，记录农产品入场、检验和交易的相关信息，并向农产品质量安全信息追溯平台传递信息。

其次，由政府搭建农产品质量安全信息追溯平台，在资源有限情况下可先建立市场交易信息管理子系统与消费者溯源查询子系统。通过与市场信息系统联网，接收各大批发市场的交易信息和农产品质量安全信息，注意安全信息中的检测信息必须来自驻守在市场进行农产品检测的政府检测人员或第三方检测机构人员。消费者溯源查询子系统使消费者可以通过该系统核实其购买的农产品是否经过政府或第三方检测机构的检验以及检测结果合格，以进一步增强消费者对市场信息系统所发布信息的信任。

最后，随着追溯系统建设进程的推进，逐步完善信息发布管理子系统和安全生产管理子系统。政府建立和完善相关政府法律法规和标准化管理体制，并通过信息发布管理子系统对公众发布。而批发商在市场激励及违法惩罚的政府监管双重压力下，将自觉自愿从源头即从小农户抓起，使其为保障农产品安全进行生产过程信息记录，并由农户或运销商进一步完善产地环境信息、加工包装信息、运输信息以及产品信息，将相关信息录入安全生产管理子系统，最终完成整个可追溯系统的建设。

三 批发商主导型农产品质量安全可追溯系统实施

批发商主导型农产品质量安全可追溯系统的顺利实施不能单靠政府扶持引导，必须充分发挥市场机制的内在激励作用，市场拉动为主，政府推动为辅，双方共同努力。在市场信用体系尚未形成情况下，可追溯系统采用具有权威性和公信力的政府或第三方检测机构作为农产品质量信号发出方，又通过溯源查询降低信息不对称程度，增强消费者信任，使消费者愿意为"优质"农产品支付"优价"，为市场机制的发挥提供条件。随着政府的推动宣传及对消费者消费偏好进行引导，无质量信号农产品的市场将越来越小，市场份额缩小的压力以及"安全溢价"和违法处罚的刺激将逐层传递至农产品运销商乃至农户，而政府法律法规和标准化管理体制的完善、相关优惠政策的实施，也将进一步促使运销商对农户的生产过程进行监控以保证农产品质量安全。进行监控过程中，若农户数量少，则运销商对其农产品记录进行逐一审核、备案并建立信息交流渠道。然而若农户数量众多时，运销商监控成本则太高，此时，运销商将促进农产品生产基地和合作社建设，以统一规范地进行监控和管理，使成本降低的同时提高追溯能力。

通过批发商主导型农产品质量安全可追溯系统的实施，我国将形成农产品生产集约化和标准化、质量追溯信息化和全面化、生产经营者参与积极性不断提高、消费者市场信任度不断增强、政府推动、市场支持、全民参与齐抓共管的良好局面。

第四节　本章小结

我国大部分农产品通过批发商经由批发市场、农贸市场走进千家万户。要解决农产品的质量安全问题，就必须建立批发商主导型农产品质量安全可追溯系统。而我国农产品生产最显著特点就是数量众多的小农户分散生产、独立经营，完全依赖政府倡导动员使农户参与到追溯系统建设中，主要依靠政府的扶持政策如进行补贴等进行推广，不仅成本高、监管难度大，而且整个系统的运行效率也不尽如人意。本章在总结现有农产品质量安全追溯成果基础上，针对我国可追溯系统的实施现状，依据信息经济学理论和收益成本理论分析消费者和农产品生产经营者行为，提出我国批发商主导型农产品质量安全可追溯系统应充分发挥市场机制的内在激励作用，采用发挥市场能动性为主，政府监管推动为辅的建设思路。并以此为基础，进行了批发商主导型农产品质量安全可追溯系统设计并提出其建设路径。

本章所提出的批发商主导型农产品质量安全可追溯系统充分发挥市场机制的内在激励作用，调动市场中各主体的主观能动性，辅以政府的监管引导作用，最终构建高效、可行的农产品质量安全可追溯系统。

结 束 语

本书在现有供应链博弈协调理论、复杂适应系统理论和农产品质量安全相关理论基础上，通过文献资料收集和实地数据调研，总结了影响农产品质量安全的宏观和中微观影响因素，并基于这些影响因素，探讨了批发市场交易模式下农户、批发商、批发市场和政府的策略选择行为，为研究批发市场交易模式下的农产品质量安全问题提供参考和借鉴。

本书研究的主要结论如下：

（1）农户和批发商所组成的农产品供应链一体化程度越高，其提供安全农产品的可能性越大。

本书以追求利润作为最重要目标的利益主体农户和批发商为研究对象，探讨了由一个农户和一个批发商组成的二级供应链围绕单一同质农产品的消费者需求，在不合作情形、合作情形以及收益惩罚共享契约协调情形下的决策问题，并通过比较，分析收益惩罚共享契约对农户安全生产决策和供应链成员利润的促进作用。结果表明，只有在农户和批发商不合作情形下，而农户选择生产不安全农产品时，批发商才会进行收益惩罚共享契约协调。随着供应链一体化程度的提高，其提供安全农产品的可能性增大。整体而言，农产品质量安全对需求量的影响程度和政府惩罚越大，越有利于促使农户生产安全农产品；质量安全成本越大，越不利于促使农户生产安全农产品。若期望农户和批发商达成安全生产收益惩罚共享契约，则需使农产品质量安全对需求量的影响程度和政府惩罚高于一定水平，质量安全成本低于一定水平。否则，农户和批发商将达成不安全生产收益惩罚共享契约。当农户与批发商达成安全生产共享契约时，若批发商谈判能力绝对大于农户，随着农产品质量安全对需求量的影响程度和政府惩罚的增大、质量安全成本的减小，批发商收益惩罚共享比例不断增大，批发商收益不断提高，采用收益惩罚共享契约所获得的收益增加逐渐被批发商获得，农户利润虽稍有提高，但其利润份额却大幅下降。此外，进一步探讨了由两个农户和一个批发商组成的农产品供应链质量安全问题。通过分析得到，当农户和批发商不合作时，生产安全农产品的农户必将转为生产不安全农产品，此时供应链将提供不安全农产品，而随着供应链一体化程度的提高，当能满足 $\pi_s^{***} > \pi_{us}^{***}$ 时，则生产不安全农产品的农户将转为生产安全农产品，供应链提供安全农产品的可能性增大。

（2）市场机制的无效性和现有法律法规的缺陷致使批发市场的安全管理作用并未体现，需畅通信息实现"安全溢价"以及完善相关法律法规来改变批发市场和供应商的最优策略，提高市场销售农产品的安全水平。

批发商是否提供安全农产品，与批发市场是否进行规范管理紧密相关。鉴于我国70%以上的农产品经批发市场参与流通的现状，首先以批发市场和供应商都是理性经济人、其行为指导原则是利益最大化原则为基础假设，构建了基于农产品质量安全的批发市场和供应商静态博弈模型，分析了批发市场和供应商的行为策略的影响因素。然后基于有限理性假设，运用演化博弈理论，构建了政府监管下农产品批发市场和供应商演化博弈模型。无论是静态博弈模型还是演化博弈模型在此认知上具有一致性，即市场机制的无效性和现有法律法规的缺陷是近年来批发市场农产品安全事件频发的原因所在，并导致了批发市场的最优策略是"不规范管理"，供应商的最优策略是"不重视农产品安全"。指出若在博弈支付矩阵中引入"因销售不安全农产品政府对批发市场的惩罚"和"安全农产品带给批发市场和供应商的额外收益"，将可以改变批发市场和供应商的最优策略。提出了建设农产品质量安全信息平台、制定并完善相关法律法规、加大政府监管惩罚力度和强度、推进公益性批发市场安全检测服务并给予供应商支援等建议，以充分调动各方利益相关者积极性，从而低成本、高效率地保障农产品安全。

（3）为保障农产品安全，政府短期和长期的最优监管策略稍有不同。短期情形下，政府可采用较高的恒定抽检概率，并加大对批发市场的罚款额度；长期情形下，为降低成本、提高效率，政府最优策略除了加大对批发市场的罚款额度外，应首先着重畅通信息，对批发市场和消费者进行引导，并采用动态抽检的方式对供应商进行随机抽检。

批发市场的安全管理行为、供应商的安全生产行为以及政府监管行为三者之间相互作用、彼此影响，政府监管策略并非一成不变。政府、批发市场和批发商都是具有自身目标、偏好和主动性的"活"的主体，它们会主动接受环境影响和支配，并根据新信息和自身目标随时调整和改变自己的行为策略。基于农产品质量安全的批发市场与供应商博弈模型，很难体现政府、批发市场和批发商行为的动态化特点，本书采用多主体技术，基于 Swarm 平台对由供应商主体、批发市场主体和政府主体构成的农产品质量安全复杂适应系统进行了建模仿真，探讨不同情形下政府采取不同的监管策略对农产品质量安全所产生的影响。结果表明，不同状况下，政府的最优策略选择不同。对于我国政府而言，短期为保障农产品安全，其最优策略是采用较高的恒定抽检概率，并加大对批发市场的罚款额度。而就长期来看，为降低监管成本，提高监管效率，政府除了加大对批发市场的罚款额度，应首先着重畅通信息，同时对批发市场和消费者进行引导，实现市场上农产品"安全溢价"，并采用动态监管的方式保障农产品安全。

由于笔者水平有限和实际调研数据资料的限制，对许多问题的看法和认识不足，还需要进一步深入研究：

（1）基于 CAS 建模和仿真方法来研究农产品质量安全演化机理问题，可以直观再现政府、批发市场和供应商的行为演化过程，从而明确关键因素的具体影响，具备极大优势。本书设计了由一个政府主体、一个批发市场主体和多个供应商主体组成的农产品质量安全复杂适应系统模型并实施仿真，其工作量已经非常巨大，由于时间和精力所限，本书没有对一个政府主体、多个批发市场主体和多个供应商主体组成的农产品质量安全复杂适应系统进行探讨，这也是后续研究的方向。

（2）本书建立了批发市场交易模式下的批发商主导型农产品质量安全可追溯系统，具有实际意义。然而经由批发市场销售的农产品种类多样，如包括粮油、果蔬、肉禽、水产品等，本书没有针对具体的农产品供应链进行详细区分，是否所有农产品都由供应商进行主导建立可追溯系统最为经济，还有待进一步论证。

随着对农产品质量安全研究的进一步深入，研究范围和思路必将得到进一步扩展，除了关注于宏观监管，还可以基于供应链进行农产品安全协调和控制，以及将宏观因素与中微观因素结合起来考虑共同保障农产品质量安全。除了探讨批发市场交易模式下的农产品质量安全问题，还可以探讨"农超对接"交易模式下的农产品质量安全问题。

附录 基于 Swarm 的农产品质量安全 CAS 程序

1. 供应商类

```java
import swarm. Globals;
import swarm. defobj. Zone;
import swarm. objectbase. SwarmObjectImpl;
import swarm. space. Discrete2dImpl;
import swarm. space. Grid2dImpl;
import swarm. gui. Raster;
import swarm. gui. ZoomRasterImpl;

/ * Title：Supplier. java
 * 定义供应商行为规则 */
public class Supplier extends SwarmObjectImpl
{
    public int strategy; //所采用的策略，0 表示提供安全农产品，1 表示提供不安全农产品
    public byte color; //0 为绿色、安全农产品，1 为红色、不安全农产品
    public int x;
    public int y;
    public Gov gov;
    public Market market;
    public int supplierId; //供应商编号

    public BackgroundSpace backgroundSpace;
    public Grid2dImpl supplierSpace;

    public double safeProfit = 7000; //9000;
    public double unSafeProfit = 10000;
```

```
public int unSafeNumber;
public double transProbility;

public double prof;  //利润
public double increasedProf = 0;

public int isselected = 0;  //取 0 表示没被抽中, 取 1 表示抽中
public int isscratched = 0;  //取 0 表示没被检查出问题, 取 1 表示查出问题

public int worldXSize;
public int worldYSize;

public double eta = 0;  //邻近区域供应商的利益差距

public Supplier (Zone aZone, Gov gov, Market market, BackgroundSpace backgroundS-
              pace, Grid2dImpl supplierSpace, int x, int y, int supplierId)
{
  super (aZone);

  this. gov = gov;
  this. market = market;
  this. backgroundSpace = backgroundSpace;
  this. supplierSpace = supplierSpace;
  this. x = x;
  this. y = y;
  this. supplierId = supplierId;

  this. worldXSize = this. supplierSpace. getSizeX ();
  this. worldYSize = this. supplierSpace. getSizeY ();

  if[ Globals. env. uniformDblRand. getDoubleWithMin $ withMax(0. 0, 1. 0) < =0. 95]//
初始 95% 生产安全农产品
  {
    strategy = 0;
```

```
      setColor（（byte）0）;
   }
   else
   {
      strategy = 1;
      setColor（（byte）1）;
   }
}


public void setColor（byte i）
{
   this. color = i;
}

public double getEta（）//Eta 邻近区域供应商安全与不安全利润差距
{
   int aroundUnSafeNumber = 0;
   int aroundSafeNumber = 0;

   double aroundUnSafeProf = 0;
   double aroundSafeProf = 0;

   int xm1 =（x + worldXSize - 1）% worldXSize;
   int xp1 =（x + 1）% worldXSize;
   int ym1 =（y + worldYSize - 1）% worldYSize;
   int yp1 =（y + 1）% worldYSize;

   Supplier aroundSupplier1 =（Supplier）supplierSpace. getObjectAtX $ Y（xm1, ym1）;
   if（aroundSupplier1 ! = null）
   {
      if（aroundSupplier1. strategy = = 1）
      {
         aroundUnSafeProf = aroundUnSafeProf + aroundSupplier1. prof;
         aroundUnSafeNumber = aroundUnSafeNumber + 1;
      }
```

```
    else
    {
      aroundSafeProf = aroundSafeProf + aroundSupplier1. prof;
      aroundSafeNumber = aroundSafeNumber + 1 ;
    }
}


Supplier aroundSupplier2 = （Supplier）supplierSpace. getObjectAtX $ Y（x, ym1）;
if（aroundSupplier2 ！ = null）
{
  if（aroundSupplier2. strategy = = 1）
  {
      aroundUnSafeProf = aroundUnSafeProf + aroundSupplier2. prof;
      aroundUnSafeNumber = aroundUnSafeNumber + 1 ;
  }
  else
  {
      aroundSafeProf = aroundSafeProf + aroundSupplier2. prof;
      aroundSafeNumber = aroundSafeNumber + 1 ;
  }
}


Supplier aroundSupplier3 = （Supplier）supplierSpace. getObjectAtX $ Y（xp1, ym1）;
if（aroundSupplier3 ！ = null）
{
  if（aroundSupplier3. strategy = = 1）
  {
      aroundUnSafeProf = aroundUnSafeProf + aroundSupplier3. prof;
      aroundUnSafeNumber = aroundUnSafeNumber + 1 ;
  }
  else
  {
      aroundSafeProf = aroundSafeProf + aroundSupplier3. prof;
      aroundSafeNumber = aroundSafeNumber + 1 ;
  }
}
```

```
}


Supplier aroundSupplier4 = (Supplier)supplierSpace. getObjectAtX $ Y(xm1 , y);
if (aroundSupplier4 ! = null)
{
  if (aroundSupplier4. strategy = = 1)
  {
    aroundUnSafeProf = aroundUnSafeProf + aroundSupplier4. prof;
    aroundUnSafeNumber = aroundUnSafeNumber + 1;
  }
  else
  {
    aroundSafeProf = aroundSafeProf + aroundSupplier4. prof;
    aroundSafeNumber = aroundSafeNumber + 1;
  }
}


Supplier aroundSupplier5 = (Supplier)supplierSpace. getObjectAtX $ Y(xp1 , y);
if (aroundSupplier5 ! = null)
{
  if (aroundSupplier5. strategy = = 1)
  {
    aroundUnSafeProf = aroundUnSafeProf + aroundSupplier5. prof;
    aroundUnSafeNumber = aroundUnSafeNumber + 1;
  }
  else
  {
    aroundSafeProf = aroundSafeProf + aroundSupplier5. prof;
    aroundSafeNumber = aroundSafeNumber + 1;
  }
}


Supplier aroundSupplier6 = (Supplier) supplierSpace. getObjectAtX $ Y (xm1, yp1);
if (aroundSupplier6 ! = null)
{
```

```
    if （aroundSupplier6. strategy = = 1）
    {
        aroundUnSafeProf = aroundUnSafeProf + aroundSupplier6. prof；
        aroundUnSafeNumber = aroundUnSafeNumber + 1；
    }
    else
    {
        aroundSafeProf = aroundSafeProf + aroundSupplier6. prof；
        aroundSafeNumber = aroundSafeNumber + 1；
    }
}


Supplier aroundSupplier7 = （Supplier） supplierSpace. getObjectAtX $ Y （x, yp1）；
if （aroundSupplier7 !  = null）
{
    if （aroundSupplier7. strategy = = 1）
    {
        aroundUnSafeProf = aroundUnSafeProf + aroundSupplier7. prof；
        aroundUnSafeNumber = aroundUnSafeNumber  + 1；
    }
    else
    {
        aroundSafeProf = aroundSafeProf + aroundSupplier7. prof；
        aroundSafeNumber = aroundSafeNumber + 1；
    }
}


Supplier aroundSupplier8 = （Supplier） supplierSpace. getObjectAtX $ Y（xp1, yp1）；
if （aroundSupplier8 !  = null）
{
    if （aroundSupplier8. strategy = = 1）
    {
        aroundUnSafeProf = aroundUnSafeProf + aroundSupplier8. prof；
        aroundUnSafeNumber = aroundUnSafeNumber + 1；
    }
```

```
    else
    {
       aroundSafeProf = aroundSafeProf + aroundSupplier8. prof;
       aroundSafeNumber = aroundSafeNumber + 1;
    }
}


if ( this. strategy = = 1 )
{
   aroundUnSafeProf = aroundUnSafeProf + this. prof;
   aroundUnSafeNumber = aroundUnSafeNumber + 1;
}
else
{
   aroundSafeProf = aroundSafeProf + this. prof;
   aroundSafeNumber = aroundSafeNumber + 1;
}


unSafeNumber = aroundUnSafeNumber;
if ( aroundUnSafeNumber ！ = 0 && aroundSafeNumber ！ = 0 )
{
   eta = ( double) ( aroundSafeProf/aroundSafeNumber) – ( double) ( aroundUnSafeProf/
aroundUnSafeNumber) ;
   transProbility = ( ( double) ( aroundSafeProf/aroundSafeNumber) )/( ( double) ( aroundSafe
Prof/aroundSafeNumber) + ( double) ( aroundUnSafeProf/aroundUnSafeNumber) ) ;
}
if ( aroundUnSafeNumber = = 0 && aroundSafeNumber ！ = 0 )
{
   eta = ( double) ( aroundSafeProf/aroundSafeNumber) ;
   transProbility = 1;
}
if ( aroundUnSafeNumber ！ = 0 && aroundSafeNumber = = 0 )
{
   eta = safeProfit – ( double) aroundUnSafeProf/aroundUnSafeNumber;
   transProbility = safeProfit/ ( safeProfit + ( double) ( aroundUnSafeProf/aroundUn
```

```
SafeNumber) ) ;
   }

   return eta;

}
public void getProf  ( )
{
   if (strategy = =0)
   {
     if (isscratched = =1)
     prof = safeProfit +  increasedProf;
     else
     prof = safeProfit;
   }
   else
   {
     if (isscratched = =1)
     prof = - gov. penalty;
     else
     prof = unSafeProfit;
   }
}
public void transform  ( )
{
   if ((eta > 0) && (strategy = =0))   strategy =0;
   else if ((eta < 0) && (strategy = =1))   strategy =1;
   else
   {

     if [Globals. env. uniformDblRand. getDoubleWithMin $ withMax (0.0, 1.0)  < =trans
   Probility]
     {
       strategy =0;
     }
```

```
        else    strategy = 1;
    }

    setColor ( ( byte) strategy) ;

    isselected = 0;
    isscratched = 0;
}

public void change ( )
{
    if( Globals. env. uniformDblRand. getDoubleWithMin $ withMax(0. 0, 1. 0) < = 0. 01)
    {
        if ( strategy = = 1) strategy = 0;
        else strategy = 1;
    }
}

public Object drawSelfOn ( Raster r)
{
    r. drawPointX $ Y $ Color ( x, y, color) ;
    return this;
}
}
```

2. 批发市场类

```
import swarm. objectbase. SwarmObjectImpl;
import swarm. Globals;
import swarm. defobj. Zone;
import swarm. gui. Raster;
import swarm. space. Grid2d;
import swarm. space. Grid2dImpl;
import swarm. collections. ListImpl;
import swarm. simtools. NSelectImpl;

/ * Title： Market. java
```

＊定义市场行为规则＊/

```
public class Market extends SwarmObjectImpl
{
    public double marketProbability = 0. 3;
    public double profit = 300;
    public double increasedProfit = 0; //10; //5;
    public double cost = 10;

    public Gov gov;
    public ListImpl allSupplierList;
    public double marketNoPassRate;
    public double marketProf;

    public Market (Zone aZone, Gov gov, ListImpl allSupplierList)
    {
        super (aZone);
        this. gov = gov;
        this. allSupplierList = allSupplierList;
    }

    public void marketCalculate () //计算批发市场抽检不合格率
    {
        int number = 0;
        int numberr = 0;
        int supplierNum = allSupplierList. getCount ();

        for (int x = 0; x < supplierNum; x + +)
        {
            if( Globals. env. uniformDblRand. getDoubleWithMin $ withMax(0. 0, 1. 0) < market
            Probability)
            {
                Supplier selectSupplier = (Supplier) allSupplierList. atOffset (x);
                selectSupplier. isselected = 1;
                numberr + +;
```

```
        if (selectSupplier. strategy = = 1)
        {
          selectSupplier. isscratched = 1;
          number + + ;
        }
    }
  }

  if (numberr ! = 0)
  {
    marketNoPassRate = (double) number/numberr;
  }

  else
  {
    marketNoPassRate = gov. govNoPassRate;
  }
}

public double marketProbability ( )
{
  int D = allSupplierList. getCount ( );
  double max = 0;

  for (int i = 0; i < = 100; i + +)
  {
    Double maxi = (D - D * (((double) i)/100)) * profit + D * (1 - marketNoPass-
Rate) * (((double) i)/100) * (profit + increasedProfit) - D * (((double) i)/100) *
marketNoPassRate * cost - D * marketNoPassRate * (1 - (((double) i)/100)) *
gov. govProbability * gov. marketPenalty;

    if (max < maxi)
    {
      max = maxi;
      marketProbability = ( (double) i) /100;
```

```
        }
    }
    marketProf = max;
    return marketProbability;
  }
}
```

3. 政府类

```
import swarm. objectbase. SwarmObjectImpl;
import swarm. Globals;
import swarm. defobj. Zone;
import swarm. gui. Raster;
import swarm. space. Grid2d;
import swarm. space. Grid2dImpl;
import swarm. collections. ListImpl;
import swarm. simtools. NSelectImpl;
import java. util. ArrayList;

/ * Title：Gov. java
 * 定义政府行为规则 * /

public class Gov extends SwarmObjectImpl
{
  public double govProbability = 0. 05; //0. 2;
  public double penalty = 2000;
  public double marketPenalty = 0; //500;

  public ListImpl allSupplierList;
  public double govNoPassRate = 0;

  public Gov （Zone aZone， ListImpl allSupplierList）
  {
    super （aZone）;
    this. allSupplierList = allSupplierList;
  }
```

```
public void govCalculate（）//计算政府抽检不合格率
{
    int number = 0;
    int numberr = 0;
    int supplierNum = allSupplierList. getCount（）;

    for（int x = 0; x < supplierNum; x + +）
    {
        if（Globals. env. uniformDblRand. getDoubleWithMin $ withMax（0.0, 1.0）<
govProbability）
        {
            Supplier selectSupplier =（Supplier）allSupplierList. atOffset(x);
            if（selectSupplier. isscratched = = 0）
            {
                selectSupplier. isselected = 1;
                numberr + + ;
                if（selectSupplier. strategy = = 1）
                {
                    selectSupplier. isscratched = 1;
                    number + + ;
                }
            }
        }
    }

    if（numberr ! = 0）
    {
        govNoPassRate =（double）number/numberr;
    }
    else
    {
        govNoPassRate = 0;
    }
```

```
    }

    public double govProbability ( )
    {
        govProbability = govNoPassRate/2;
        if ( govProbability = =0)
        {
            if ( Globals. env. uniformDblRand. getDoubleWithMin $ withMax
            (0.0, 1.0) < =0.2)
            govProbability = 0.05;
        }
        return govProbability;
    }

}
```

4. 模型 Swarm 类

```
import swarm. Globals;
import swarm. Selector;
import swarm. defobj. Zone;
import swarm. objectbase. Swarm;
import swarm. objectbase. SwarmImpl;
import swarm. activity. ActionGroup;
import swarm. activity. ActionGroupImpl;
import swarm. activity. Schedule;
import swarm. activity. ScheduleImpl;
import swarm. activity. Activity;
import swarm. space. Grid2d;
import swarm. space. Grid2dImpl;
import swarm. collections. ListImpl;
import swarm. objectbase. EmptyProbeMapImpl;
/ * Title: ModelSwarm. java * /
public class ModelSwarm extends SwarmImpl
{
    public int worldXSize = 15;
    public int worldYSize = 15;
```

```
public double supplierDensity = 1;
public int endTime = 100;


public double unSafeSupplierProportion;  //提供不安全农产品供应商的比例
public Gov gov;
public Market market;


public BackgroundSpace backgroundSpace;
public Grid2dImpl supplierSpace;
public ListImpl supplierList;
public ScheduleImpl modelSchedule;
public ScheduleImpl stopModelSchedule;

public ModelSwarm (Zone aZone)
{
  super (aZone);

  EmptyProbeMapImpl modelProbeMap = new EmptyProbeMapImpl(aZone, this. getClass());
  modelProbeMap. addProbe (this. getProbeForVariable ( "worldXSize"));
  modelProbeMap. addProbe (this. getProbeForVariable ( "worldYSize"));
  modelProbeMap. addProbe (this. getProbeForVariable ( "supplierDensity"));
  modelProbeMap. addProbe (this. getProbeForVariable ( "endTime"));

  Globals. env. probeLibrary. setProbeMap $ For(modelProbeMap, this. getClass());
}
public Object buildObjects ()
{
  int x, y, num;
  Supplier asupplier;
  super. buildObjects ();

  backgroundSpace = new BackgroundSpace (getZone (), worldXSize, worldYSize);

  supplierSpace = new Grid2dImpl (getZone (), worldXSize, worldYSize);
  supplierSpace. fastFillWithObject (null);
```

```
    supplierList = new ListImpl (getZone ( ) ) ;


    gov = new Gov (getZone ( ), supplierList) ;
    market = new Market (getZone ( ), gov, supplierList) ;
    num = 0 ;
    for (y = 0; y < worldYSize; y + + )
    for (x = 0; x < worldXSize; x + + )
    if ( Globals. env. uniformDblRand. getDoubleWithMin $ withMax (0.0, 1.0) < =
supplierDensity)
    {

        asupplier = new Supplier (getZone ( ), gov, market, backgroundSpace,
        supplierSpace, x, y, + + num) ;
        supplierSpace. putObject $ atX $ Y (asupplier, x, y) ;
        supplierList. addLast (asupplier) ;
    }
    return this ;
    }


public ListImpl getSupplierList ( )
{
    return supplierList ;
}


public Grid2dImpl getSupplierSpace ( )
{
    return supplierSpace ;
    }


public BackgroundSpace getBackground ( )
{
    return backgroundSpace ;
}


public Object buildActions ( )
{
```

```
        Selector sel;
        ActionGroupImpl modelActions;

        super. buildActions ();
        modelActions = new ActionGroupImpl (getZone ());

        sel = SwarmUtils. getSelector （"Market"，"marketCalculate"）;
        modelActions. createActionTo $ message (this. market, sel);
        sel = SwarmUtils. getSelector （"Market"，"marketProbability"）;
        modelActions. createActionTo $ message (this. market, sel);
        sel = SwarmUtils. getSelector （"Gov"，"govCalculate"）;
        modelActions. createActionTo $ message (this. gov, sel);
        sel = SwarmUtils. getSelector （"Gov"，"govProbability"）; //政府实时调整抽检概率
        modelActions. createActionTo $ message (this. gov, sel);
        sel = SwarmUtils. getSelector （"Supplier"，"getProf"）;
        modelActions. createActionForEach $ message (this. supplierList, sel);
        sel = SwarmUtils. getSelector （"Supplier"，"getEta"）; //供应商了解周边区域状况
        modelActions. createActionForEach $ message (this. supplierList, sel);
        sel = SwarmUtils. getSelector （"Supplier"，"transform"）;
        modelActions. createActionForEach $ message (this. supplierList, sel);
        sel = SwarmUtils. getSelector("Supplier"，"change"); //供应商选择变异
        modelActions. createActionForEach $ message (supplierList, sel);
        sel = SwarmUtils. getSelector (this, "checkTime");
        modelActions. createActionTo $ message (this, sel);

        modelSchedule = new ScheduleImpl (getZone (), 1);

        modelSchedule. at $ createAction (0, modelActions);

        return this;
}
public Activity activateIn (Swarm swarmContext)
{
        super. activateIn (swarmContext);
        modelSchedule. activateIn (this);
```

```
        return getActivity ( ) ;
    }


    public void checkTime ( )
    {
    if ( Globals. env. getCurrentTime ( )  > = endTime)
    getActivity ( ) . terminate ( ) ;
    return ;
    }


public double getUnSafeSupplierProportion ( )
    {
    int unSafeNum = 0 ;
    int suppliernum = supplierList. getCount ( ) ;


    for ( int x = 0 ;  x  <  suppliernum ;  x + + )
    {
        Supplier supplier =  ( Supplier) supplierList. atOffset ( x) ;
        if ( supplier. strategy = = 1 )
        {
            unSafeNum + + ;
        }
    }


    unSafeSupplierProportion =  ( double)  unSafeNum/suppliernum ;
    System. out. println ( unSafeSupplierProportion) ;


    return unSafeSupplierProportion ;
    }


public double getGovProbability ( )
    {
    return gov. govProbability ;
    }
```

```
public double getMarketProbability（）
{
    return market. marketProbability；
}
}
```

5. 观察员 Swarm 类

```
import swarm. Globals；
import swarm. Selector；
import swarm. defobj. Zone；
import swarm. defobj. ZoneImpl；
import swarm. defobj. Symbol；
import swarm. gui. Colormap；
import swarm. gui. ColormapImpl；
import swarm. gui. ZoomRaster；
import swarm. gui. ZoomRasterImpl；
import swarm. space. Value2dDisplay；
import swarm. space. Value2dDisplayImpl；
import swarm. space. Object2dDisplay；
import swarm. space. Object2dDisplayImpl；
import swarm. simtoolsgui. GUISwarm；
import swarm. simtoolsgui. GUISwarmImpl；
import swarm. activity. ActionGroup；
import swarm. activity. ActionGroupImpl；
import swarm. activity. Schedule；
import swarm. activity. ScheduleImpl；
import swarm. activity. Activity；
import swarm. objectbase. Swarm；
import swarm. objectbase. SwarmImpl；
import java. util. ArrayList；
import swarm. collections. ListImpl；
import swarm. analysis. EZGraphImpl；
import swarm. objectbase. EmptyProbeMapImpl；

/ * Title：ObserverSwarm. java * /
```

```
public class ObserverSwarm extends GUISwarmImpl
{
    public int displayFrequency = 1;
    public int zoomFactor = 4;

    public boolean simulationFinished = false;

    ModelSwarm modelSwarm;
    ZoomRaster worldRaster;
    Value2dDisplay backgroundDisplay;
    Object2dDisplay supplierDisplay;
    ScheduleImpl displaySchedule;

    public EZGraphImpl unSafeSupplierGraph;
    public EZGraphImpl govProbabilityGraph;
    public EZGraphImpl marketProbabilityGraph;

    public EZGraphImpl allGraph;

    public ObserverSwarm (Zone aZone)
    {
        super (aZone);

        EmptyProbeMapImpl  ObserverProbeMap  =  new  EmptyProbeMapImpl ( aZone,
        this. getClass ());
        ObserverProbeMap. addProbe(this. getProbeForVariable("displayFrequency"));
        ObserverProbeMap. addProbe (this. getProbeForVariable ( "zoomFactor"));

        Globals. env. probeLibrary. setProbeMap $ For(ObserverProbeMap, this. getClass());
    }
    public Object buildObjects ()
    {
        Colormap colormap;
        Selector sel;
        super. buildObjects ();
```

```
modelSwarm = new ModelSwarm (getZone ());

Globals. env. createArchivedProbeDisplay (this, "ObserverSwarm");
Globals. env. createArchivedProbeDisplay (modelSwarm, "ModelSwarm");

getControlPanel () . setStateStopped ();

modelSwarm. buildObjects ();

allGraph = new EZGraphImpl(getZone(), "ezgraph", "time", "value", "ezgraph");

unSafeSupplierGraph = new EZGraphImpl (getZone (), "UnSafeSupplierProportion",
"time", "unSafeSupplierProportion", "unSafeSupplierGraph"); sel = SwarmUtils. getS-
elector (modelSwarm, "getUnSafeSupplierProportion");
    unSafeSupplierGraph. createSequence $ withFeedFrom $ andSelector ( "UnSafeSuppli-
erProportion", modelSwarm, sel);

    allGraph. createSequence $ withFeedFrom $ andSelector ( "UnSafeSupplierPropor-
tion", modelSwarm, sel);

govProbabilityGraph = new EZGraphImpl (getZone (), "govProbability", "time",
"govProbability", "govProbabilityGraph");
    sel = SwarmUtils. getSelector (modelSwarm, "getGovProbability");

govProbabilityGraph. createSequence $ withFeedFrom $ andSelector ( "GovProbability",
modelSwarm, sel);

    allGraph. createSequence $ withFeedFrom $ andSelector ( "GovProbability", mode-
lSwarm, sel);

    marketProbabilityGraph = new EZGraphImpl (getZone (),      "marketProbability",
"time", "marketProbability", "marketProbabilityGraph");
    sel = SwarmUtils. getSelector (modelSwarm, "getMarketProbability");
```

```
marketProbabilityGraph. createSequence $ withFeedFrom $ andSelector ("MarketProb-
ability", modelSwarm, sel);


allGraph. createSequence $ withFeedFrom $ andSelector ("MarketProbability", mode-
lSwarm, sel);


colormap = new ColormapImpl (getZone ());
colormap. setColor $ ToName ((byte) 0, "green");
colormap. setColor $ ToName ((byte) 1, "red");
colormap. setColor $ ToName ((byte) 2, "black");


ListImpl supplierList = modelSwarm. getSupplierList ();


worldRaster = new ZoomRasterImpl (getZone (), "worldRaster");
sel = SwarmUtils. getSelector (this, "_ worldRasterDeath_ ");
worldRaster. enableDestroyNotification $ notificationMethod (this, sel);
worldRaster. setColormap (colormap);
worldRaster. setZoomFactor (zoomFactor);


worldRaster. setWidth $ Height ((modelSwarm. getSupplierSpace()). getSizeX(), (mode-
lSwarm. getSupplierSpace()). getSizeY());
worldRaster. setWindowTitle ("Supplier World");


worldRaster. pack();


backgroundDisplay = new Value2dDisplayImpl (getZone (), worldRaster, colormap,
modelSwarm. getBackground());


sel = SwarmUtils. getSelector("Supplier", "drawSelfOn");
supplierDisplay = new Object2dDisplayImpl (getZone (), worldRaster, mode-
lSwarm. getSupplierSpace(), sel);
supplierDisplay. setObjectCollection(modelSwarm. getSupplierList());
return this;
}
public Object buildActions()
```

```
{
    Selector sel;

    ActionGroupImpl displayActions;

    super. buildActions( );
    modelSwarm. buildActions( );

    displayActions = new ActionGroupImpl( getZone( ) );
    sel = SwarmUtils. getSelector( backgroundDisplay, "display" );
    displayActions. createActionTo $ message( backgroundDisplay, sel );
    sel = SwarmUtils. getSelector( supplierDisplay, "display" );
    displayActions. createActionTo $ message( supplierDisplay, sel );
    sel = SwarmUtils. getSelector( unSafeSupplierGraph, "step" );
    displayActions. createActionTo $ message( unSafeSupplierGraph, sel );
    sel = SwarmUtils. getSelector( govProbabilityGraph, "step" );
    displayActions. createActionTo $ message( govProbabilityGraph, sel );
    sel = SwarmUtils. getSelector( marketProbabilityGraph, "step" );
    displayActions. createActionTo $ message( marketProbabilityGraph, sel );
    sel = SwarmUtils. getSelector( allGraph, "step" );
    displayActions. createActionTo $ message( allGraph, sel );
    sel = SwarmUtils. getSelector( worldRaster, "drawSelf" );
    displayActions. createActionTo $ message( worldRaster, sel );
    sel = SwarmUtils. getSelector( getActionCache( ), "doTkEvents" );
    displayActions. createActionTo $ message( getActionCache( ), sel );
    sel = SwarmUtils. getSelector( this, "checkForDone" );
    displayActions. createActionTo $ message( this, sel );

    displaySchedule = new ScheduleImpl( getZone( ), displayFrequency );
    displaySchedule. at $ createAction( 0, displayActions );

    return this;
}
public Activity activateIn( Swarm swarmContext )
{
```

```
        super. activateIn(swarmContext);
        modelSwarm. activateIn(this);
        displaySchedule. activateIn(this);
        return getActivity();
    }
    public void checkForDone()
    {
        if (simulationFinished)
        {
            System. out. println("I said to QUIT!");
            modelSwarm. getActivity(). terminate();
            modelSwarm. drop();
            getControlPanel(). setStateQuit();
        }

        else if (modelSwarm. getActivity(). getStatus() = =
        Globals. env. Completed)
        {
            simulationFinished = true;
            System. out. println ("The simulation ended after " + Globals. env. getCurrentTime
        () + " periods. ");
            System. out. println ("Press QUIT when ready. ");
            getControlPanel () . setStateStopped ();
        }
    }
    public Object _ worldRasterDeath_ (Object caller)
    {
        worldRaster. drop ();
        worldRaster = null;
        return this;
    }
}
```

6. 环境类

```
import swarm. Globals;
```

```java
import swarm. defobj. Zone;
import swarm. space. Discrete2dImpl;
/ * Title: BackgroundSpace. java
  * 定义环境 * /
public class BackgroundSpace extends Discrete2dImpl
{
  public BackgroundSpace (Zone aZone, int xSize, int ySize)
    {
    super (aZone, xSize, ySize);
    fastFillWithValue (2);
    }

}
```

7. 辅助类

```java
import swarm. Globals;
import swarm. Selector;
/ * Title: SwarmUtils. java * /
public class SwarmUtils
{
  public static Selector getSelector (String name, String method)
    {
    Selector sel;
    try
      {
      sel = new Selector (Class. forName (name), method, false);
      }
    catch (Exception e)
      {
      System. err. println ("There was an error in creating a Selector for method " + meth-
      od + " nin Class " + name + ". ");
      System. err. println (name + ". " + method + " returns " + e. getMessage ());
      System. err. println ( "The process will be terminated. ");
      System. exit (1);
      return null;
      }
    return sel;
```

```
    }


public static Selector getSelector (Object obj, String method)
    {

    Selector sel;

    try

        {

        sel = new Selector (obj. getClass (), method, false);

        }

    catch (Exception e)

        {

        System. err. println ("There was an error in creating a Selector for method " + meth-
od + "   nin Class " + (obj. getClass ()) . getName () + ".");

        System. err. println ((obj. getClass ()) . getName () + "." + method + " re-
                        turns " + e. getMessage ());

        System. err. println ("The process will be terminated.");

        System. exit (1);

        return null;

        }

    return sel;

        }

    }
```

8. 主运行程序类

```
import swarm. Globals;

import swarm. defobj. Zone;

/ * Title：StartSupplier. java */

public class StartSupplier

    {

    public static void main (String [] args)

        {

    ObserverSwarm displaySwarm;

    Globals. env. initSwarm ("Supplier", "2. 2", "lxl@ l", args);

    displaySwarm = new ObserverSwarm (Globals. env. globalZone);

    displaySwarm. buildObjects ();
```

```
        displaySwarm. buildActions ();
        displaySwarm. activateIn (null);
        displaySwarm. go ();
        displaySwarm. drop ();
    }
}
```

参考文献

[1] 程红:《宏观质量管理》,湖北人民出版社 2009 年版。

[2] 王芳、王可山、钱永忠:《食品安全政府规制理论分析》,《食品研究与开发》2008 年第 29 卷第 12 期。

[3] 徐金海:《政府监管与食品质量安全》,《农业经济问题》2007 年第 11 期。

[4] 和丽芬、赵建欣:《政府规制对安全农产品生产影响的实证分析——以蔬菜种植户为例》,《农业技术经济》2010 年第 7 期。

[5] 周峰、徐翔:《政府规制下无公害农产品生产者的道德风险行为分析——基于江苏省农户的调查》,《南京农业大学学报》2007 年第 7 卷第 4 期。

[6] 郝利、任爱胜、冯忠泽等:《农产品质量安全农户认知分析》,《农业技术经济》2008 年第 6 期。

[7] 冯忠泽、李庆江:《农户农产品质量安全认知及影响因素分析》,《农业经济问题》2007 年第 4 期。

[8] Feder, G. , "Farmsize, risk aversion and the adoption of new technology uncertainty", *Oxford Economic Paper*, No. 32, 1980, pp. 263 – 283.

[9] Baidu – Forson, J. , "Factors influencing adoption of land – enhancing technology in the Sahel: Lessons from a case study in Niger", *Agricultural Economics*, No. 20, 1999, pp. 231 – 239.

[10] 江激宇、柯木非、张士云:《农户蔬菜质量安全控制意愿的影响因素分析——基于河北省藁城区 151 份农户的调查》,《农业技术经济》2012 年第 5 期。

[11] 冯忠泽、李庆江:《消费者农产品质量安全认知及影响因素分析——基于全国 7 省 9 市的实证分析》,《中国农村经济》2008 年第 1 期。

[12] Brewer, M. S., Sprouls, G. K., Craig, R., "Consumer attitude toward food safety issues", *Journal of Food Safety*, No. 14, 1994, pp. 63 – 76.

[13] 周洁红：《消费者对蔬菜安全的态度、认知和购买行为分析——基于浙江省城市和城镇消费者的调查统计》，《中国农村经济》2004年第11期。

[14] 刘军弟、王凯、韩纪琴：《安全的支付意愿及其影响因素研究》，《江海学刊》2009年第3期。

[15] 任燕、安玉发：《消费者食品安全信心及其影响因素研究——来自北京市农产品批发市场的调查分析》，《消费经济》2009年第25卷第2期。

[16] 崔彬、伊静静：《消费者食品安全信任形成机理实证研究——基于江苏省862份调查数据》，《经济经纬》2012年第2期。

[17] 王继永、孙世民、刘召云：《优质猪肉供应链中超市对猪肉质量安全的促进作用》，《商业研究》2008年第4期。

[18] 卞琳琳：《超市在保证食品安全中的作用——对超市食品质量控制体系中各利益主体的博弈分析》，《江苏商论》2010年第5期。

[19] 曲芙蓉、孙世民、宁芳蓓：《论优质猪肉供应链中超市的质量安全行为》，《农业现代化研究》2010年第5期。

[20] Arrow, K., Bolin, B., Costanza, R. et al., "Economic growth, carrying capacity, and the environment", *Ecological Economics*, Vol. 15, No. 2, 1995, pp. 91 – 95.

[21] Antle, J. M., *Choice and Efficiency in Food Safety Policy*, Washington, DC: AEI Press, 1995.

[22] 李中东：《农产品安全的技术控制分析》，《中国科技论坛》2007年第4期。

[23] 肖文金、陈海波：《我国农产品流通渠道的现状与效率分析》，《经济研究参考》2011年第70期。

[24] 王珺：《我国农产品经超市销售比重升至20%》，《第一财经》2010年12月2日。

[25] 陈建青、任国良：《农产品批发市场的发展演进：积聚、扩散与瓦解——兼论中国农产品批发贸易发展阶段》，《经济学家》2012年第12期。

[26] 翟虎渠:《农业概论》, 高等教育出版社 2006 年版。

[27] 胡莲:《食用农产品质量安全概念辨析》,《安徽农业科学》2009 年第 37 卷第 29 期。

[28] 陈小霖:《供应链环境下的农产品质量安全保障研究》, 博士学位论文, 南京理工大学, 2007 年。

[29] 樊红平、叶志华:《农产品质量安全的概念辨析》,《广东农业科学》2007 年第 7 期。

[30] 郑风田、赵阳:《我国农产品质量安全问题与对策》,《中国软科学》2003 年第 2 期。

[31] 王玉环、徐恩波:《农产品质量安全内涵辨析及安全保障思路》,《西北农林科技大学学报》(社会科学版) 2008 年第 6 期。

[32] 金发忠:《关于农产品质量安全几个热点问题的理性思考》,《农业质量标准》2005 年第 1 期。

[33] Antle, J. M. , "No such thing as a free safe lunch: the cost of food safety regulation in the meat industry", *American Journal of Agricultural Economics*, Vol. 82, No. 2, 2000, pp. 310 – 322.

[34] 钟真、孔祥智:《产业组织模式对农产品质量安全的影响: 来自奶业的例证》,《管理世界》2012 年第 1 期。

[35] 王启现:《农产品和加工食品内涵特征与质量安全特性分析》,《中国食物与营养》2007 年第 11 期。

[36] 李铜山:《食用农产品安全生产长效机制和支撑体系建设研究》, 博士学位论文, 华中农业大学, 2008 年。

[37] 刘慧萍、韩学平:《农产品质量安全认识误区与矫正的法律思考》,《农业经济》2009 年第 11 期。

[38] 狄灵晓:《基于消费者视角的农产品供应链安全问题研究》, 硕士学位论文, 浙江工业大学, 2013 年。

[39] 胡莲:《基于质量安全的农产品供应链管理及其信息平台研究》, 博士学位论文, 同济大学, 2008 年。

[40] WHO, Food Safety and Food – Borne Illness (Fact sheet No. 237), 2007, http: //www. who. int/mediacentre/factsheets/fs237/en/index. html.

[41] 汪普庆、周德翼、吕志轩:《农产品供应链的组织模式与食品安全》,《农业经济问题》2009 年第 3 期。

［42］王庆：《市场与政府双重失灵：农产品质量安全问题的成因分析》，《生态经济》2011 年第 11 期。

［43］李江华、张蓓蓓、赵苏：《我国食品安全法律体系研究》，《食品科学》2006 年第 10 期。

［44］周洁红、钟勇杰：《美国蔬菜质量安全管理体系及对中国的政策启示》，《世界农业》2006 年第 1 期。

［45］何立胜、孙中叶：《食品安全规制模式：国外的实践与中国的选择》，《河南师范大学学报》（哲学社会科学版）2009 年第 4 期。

［46］于和之、辛绪红：《赴日本参加农产品质量安全培训的启示》，《农业经济》2010 年第 10 期。

［47］陈彦彦：《论政府在农产品质量安全监管中的职能定位》，《中国行政管理》2008 年第 6 期。

［48］任燕、安玉发：《农产品批发市场食品质量安全监管分析——基于北京市场的问卷调查和深度访谈资料》，《中国农村观察》2010 年第 3 期。

［49］农业部新闻办公室：《我国加快构建农产品质量安全标准体系》，中华人民共和国农业部，2011 年 6 月 3 日。

［50］李江华：《建立健全农产品质量安全标准体系》，《食品科学》2008 年第 8 期。

［51］冯华：《标准增加千余个食品安全添保障》，《人民日报》2012 年 12 月 10 日。

［52］农业部：《我国农产品质量检验检测体系建设进程加快》，中国政府门户网站，2011 年 5 月 24 日。

［53］李哲敏、刘磊、刘宏：《保障我国农产品质量安全面临的挑战及对策研究》，《中国科技论坛》2012 年第 10 期。

［54］陈涛：《农产品质量安全监管体系建设是基础》，中国农业信息网，2012 年 8 月 21 日。

［55］吴修立、张正、李树超：《影响我国农产品质量安全的政策因素与对策》，《农业经济》2007 年第 3 期。

［56］王中亮：《食品安全监管体制的国际比较及其启示》，《上海经济研究》2007 年第 12 期。

［57］彭述辉、冯爱军、庞杰：《浅析我国豆制品安全现状》，《广东农业

科学》2010 年第 6 期。

[58] 陆杉、瞿艳平：《论农产品供应链的质量安全保障机制》，《江汉论坛》2013 年第 3 期。

[59] Wognuma, P. M. et al., "Systems for sustainability and transparency of food supply chains – current status and challenges", *Advanced Engineering Informatics*, No. 25, 2011, pp. 65 – 76.

[60] 苏昕、王可山：《农民合作组织：破解农产品质量安全困境的现实路径》，《宏观经济研究》2013 年第 2 期。

[61] 郭晓鸣、曾旭晖：《农民合作组织发展与地方政府的角色》，《中国农村经济》2005 年第 6 期。

[62] 杨天和：《基于农户生产行为的农产品质量安全问题的实证研究——以江苏省水稻生产为例》，博士学位论文，南京农业大学，2006 年。

[63] 李政：《农超对接中农产品安全问题研究》，《甘肃社会科学》2013 年第 2 期。

[64] 胡定寰、陈志钢、孙庆珍等：《合同生产模式对农户收入和食品安全的影响——以山东省苹果产业为例》，《中国农村经济》2006 年第 11 期。

[65] 王郁葱：《基于供应链管理的农产品质量安全保障运行设计》，《求索》2011 年第 12 期。

[66] 周洁红、张仕都：《蔬菜质量安全可追溯体系建设：基于供货商和相关管理部门的二维视角》，《农业经济问题》2011 年第 1 期。

[67] 周洁红、黄祖辉：《食品安全特性与政府支持体系》，《中国食物与营养》2003 年第 9 期。

[68] 周应恒、耿献辉：《信息可追踪系统在食品质量安全保障中的应用》，《农业现代化研究》2012 年第 6 期。

[69] 代云云、徐翔：《农户蔬菜质量安全控制行为及其影响因素实证研究——基于农户对政府、市场及组织质量安全监管影响认知的视角》，《南京农业大学学报》（社会科学版）2012 年第 3 期。

[70] 龚强、陈丰：《供应链可追溯性对食品安全和上下游企业利润的影响》，《南开经济研究》2012 年第 6 期。

[71] Lecomte, "Traceability in the agro – food industry: Stakes, basic con-

cepts and the variety of contexts", *Industries Alimentaires et Agricoles*, Vol. 120, No. 5, 2003, pp. 21 –26.

[72] Hobbs, J. E., Bailey, B. V., Dickinson, D. L. et al., "Traceability in the Canadian red meat sector: Do consumers care?", *Canadian Journal of Agricultural Economics*, No. 53, 2005, pp. 47 –65.

[73] Verbeke, W., Ward, R. W., "Consumer interest in information cues denoting quality, traceability and origin: An application of ordered probit models to beef labels", *Food Quality and Preference*, No. 17, 2006, pp. 453 –467.

[74] 李景山、张海伦:《经济利益角逐下的社会失范现象——从社会学视角透视食品安全问题》,《科学经济社会》2012 年第 2 期。

[75] Mhand, F., Elodie, R., "The implementation mechanisms of voluntary food safety systems", *Food Policy*, Vol. 35, No. 5, 2010, pp. 412 –418.

[76] 彭建仿、杨爽:《共生视角下农户安全农产品生产行为选择——基于 407 个农户的实证分析》,《中国农村经济》2011 年第 12 期。

[77] Bergevoet, R. H. M., Ondersteign, C. J. M., Saatkamp, H. W. et al., "Entrepreurial behaviour of dutch dairy farmers under a milk quota system: Goals, objectives and attitudes", *Agricultural Systems*, Vol. 80, No. 1, 2004, pp. 1 –21.

[78] Ajzen, I., "The theory of planned behavior", *Organizational Behavior and Human Decision Processes*, Vol. 50, No. 2, 1991, pp. 179 –211.

[79] Ajzen, I., "Perceived behavioral control, self – efficacy, locus of control, and the theory of planned behavior", *Journal of Applied Social Psychology*, Vol. 32, No. 4, 2002, pp. 665 –683.

[80] 王华书、徐翔:《微观行为与农产品安全——对农户生产与居民消费的分析》,《南京农业大学学报》(社会科学版) 2004 年第 1 期。

[81] 罗敏、李旭:《消费者认知能力对农产品质量安全影响的实证分析》,《广东农业科学》2010 年第 11 期。

[82] Tjaart, W., Schillhorn, V. V., "International trade and food safety in developing countries", *Food Control*, Vol. 16, No. 6, 2005, pp. 491 –496.

[83] Peter, R., "Total food chain safety: How good practices can contribute?", *Trends in Food Science & Technology*, Vol. 19, No. 8, 2008, pp. 405 –412.

[84] 李中东、孙焕：《基于 DEMATEL 的不同类型技术对农产品质量安全影响效应的实证分析——来自山东、浙江、江苏、河南和陕西五省农户的调查》，《中国农村经济》2011 年第 3 期。

[85] 乔娟、曹蕾：《基于食品质量安全的农户认知、行为、态度和意愿分析——以江苏省如东县长沙镇水产养殖为例》，《食品安全》2009 年第 14 期。

[86] 钱原铬、赵春江、陆安祥等：《农产品安全生产和监控关键技术研究进展》，《中国农学通报》2011 年第 11 期。

[87] 周杰：《农产品供应链质量安全保障研究》，《江苏农业科学》2011 年第 3 期。

[88] Shapiro, C. , "Premiums for high quality products as returns to reputations", *Quarterly Journal of Economics*, Vol. 98, No. 4, 1983, pp. 659 – 679.

[89] 蒋永穆、高杰：《不同农业经营组织结构中的农户行为与农产品质量安全》，《云南财经大学学报》2013 年第 1 期。

[90] Grossman, S. J. , "The information role of warranties and private disclosure about product quality", *Journal of Law and Economics*, Vol. 24, No. 3, 1981, pp. 461 – 483.

[91] 盛革、胡敏：《协同供应链的虚拟价值网集成与增值模型》，《科技进步与对策》2007 年第 15 期。

[92] 肖迪、潘可文：《基于收益共享契约的供应链质量控制与协调机制》，《中国管理科学》2012 年第 4 期。

[93] Forrester, J. , "Industrial dynamics, a major breakthrough for decision makers", *Journal of Harvard Business Review*, Vol. 36, No. 4, 1958, pp. 37 – 66.

[94] Forrester, J. , *Industrial Dynamics*, New York: MIT Press, 1961.

[95] Lee, H. L. , Padmanabhan, V. , Whang, S J. , "Information distortion in a supply chain: The bullwhip effect", *Management Science*, Vol. 43, No. 4, 1997, pp. 546 – 558.

[96] Chen, F. , Drezner, Z. , Ryan, J. K. et al. , "Quantifying the bullwhip effect in a simple supply chain: The impact of forecasting, lead times, and information", *Management Science*, Vol. 46, No. 3, 2000, pp.

436 – 443.

[97] Kim, J. G. , Chatfield, D. , Harrison, T. P. et al. , "Quantifying the bullwhip effect in a supply chain with stochastic lead", *European Journal of Operational Research*, Vol. 173, No. 2, 2006, pp. 617 – 636.

[98] Kouvelis, P. , Chambers, C. , Wang, H. Y. , "Supply chain management research and production and operations management: Review, trends, and opportunities", *Production and Operations Management*, Vol. 15, No. 3, 2006, pp. 449 – 469.

[99] Simatupang, T. M. , Wright, A. C. , Sridharan, R. , "The knowledge of coordination for supply chain integration", *Business Process Management*, Vol. 8, No. 3, 2002, pp. 289 – 308.

[100] Romano, P. , "Coordination and integration mechanisms to manage logistics processes across supply networks", *Journal of Purchasing & Supply Management*, No. 9, 2003, pp. 119 – 134.

[101] 庄品:《供应链协调控制机制研究》, 博士学位论文, 南京航空航天大学, 2004 年。

[102] 陈剑、蔡连侨:《供应链建模与优化》,《系统工程理论与实践》2001 年第 6 期。

[103] Solis, A. O. , "Supply chain integration and coordination", *The criterion*, 2001, pp. 1 – 3.

[104] Thomas, D. J. , Griffin, P. M. , "Coordinated supply chain management", *European Journal of Operational Research*, Vol. 94, No. 1, 1996, pp. 1 – 15.

[105] 杨道箭:《基于顾客策略行为的供应链协调研究》, 博士学位论文, 天津大学, 2010 年。

[106] Bresnahan, T. F. , Reiss, P. C. , "Dealer and manufacturer margins", *Rand Journal of Economics*, Vol. 16, No. 2, 1985, pp. 253 – 268.

[107] Krishnan, H. , Kapuscinski, R. , "Coordinating contracts for decentralized supply chains with retailer promotional effort", *Management Seience*, Vol. 50, No. 1, 2004, pp. 48 – 63.

[108] Taylor, T. A. , "Supply chain coordination under channel rebates with sales effort effects", *Management Seience*, Vol. 48, No. 8, 2002,

pp. 992 – 1007.

[109] Monahan, J. P., "A quantity discount pricing model to increase vendor profits", *Management Seience*, Vol. 30, No. 6, 1984, pp. 720 – 726.

[110] Yao, Z., Stephen, C. H. L., Lai, K. K., "Manufacturer's revenue – sharing contract and retail competition", *European Journal of Operational Research*, Vol. 186, No. 2, 2008, pp. 637 – 651.

[111] 岳万勇、赵正佳：《不确定需求下跨国供应链数量折扣模型》，《管理评论》2012 年第 24 卷第 9 期。

[112] 刘玉霜、张纪会：《零售商价格竞争下的最优决策与收益共享契约》，《控制与决策》2013 年第 28 卷第 2 期。

[113] 于丽萍、葛汝刚、黄小原：《商业信用——广告合作的供应链两部定价契约协调》，《工业工程与管理》2010 年第 15 卷第 2 期。

[114] 唐宏祥、何建敏、刘春林：《非对称需求信息条件下的供应链信息共享机制》，《系统工程学报》2004 年第 19 卷第 6 期。

[115] Dejonckheere, J., Disney, S. M., Lambrecht, M. R. et al., "The Impact of information enrichment on the bullwhip effect in supply chains: A control engineering perspective", *European Journal of Operational Research*, Vol. 153, No. 3, 2004, pp. 727 – 750.

[116] Ouyang, Y., "The effect of information sharing on supply chain stability and the bullwhip effect", *European Journal of Operational Research*, Vol. 182, No. 3, 2007, pp. 1107 – 1121.

[117] Chu, W. H. J., Lee, C. C., "Strategic information sharing in a supply chain", *European Journal of Operational Research*, Vol. 174, No. 3, 2006, pp. 1567 – 1579.

[118] Ozer, O., Wei, W., "Strategic commitments for an optimal capacity decision under asymmetric forecast information", *Management Science*, Vol. 52, No. 8, 2006, pp. 1238 – 1257.

[119] Gaur, V., Giloni, A., Seshadri, S., "Information sharing in a supply chain under ARMA demand", *Management Science*, Vol. 51, No. 6, 2005, pp. 961 – 969.

[120] 王圣东、周永务、汪俊萍：《带有需求信息更新点决策的供应链协调模》，《系统工程学报》2012 年第 3 期。

[121] 汪俊萍、王圣东:《非对称信息下以制造商为核心的供应链协调模型》,《系统工程学报》2008 年第 1 期。

[122] Reyniers, D. J., Tapiero, C. S., "The delivery and control of quality in supplier – producer contracts", *Management Science*, Vol. 41, No. 10, 1995, pp. 1581 – 1589.

[123] Gilbert, S. M., Cvsa, V., "Strategic commitment to price to stimulate downstream innovation in a supply chain", *European Journal of Operational Research*, Vol. 150, No. 3, 2003, pp. 617 – 639.

[124] Xie, G., Wang, S. Y., Lai, K. K., "Quality improvement in competing supply chains", *International Journal of Production Economics*, Vol. 134, No. 1, 2011, pp. 262 – 270.

[125] Lee, C. H., Rhee, B. D., Cheng, T. C. E., "Quality uncertainty and quality – compensation contract for supply chain coordination", *European Journal of Operational Research*, Vol. 228, No. 3, 2013, pp. 582 – 591.

[126] 周明、张异、李勇等:《供应链质量管理中的最优合同设计》,《管理工程学报》2006 年第 3 期。

[127] 尤建新、朱立龙:《道德风险条件下的供应链质量控制策略研究》,《同济大学学报》(自然科学版) 2010 年第 7 期。

[128] 孟庆峰、盛昭瀚、李真:《基于公平偏好的供应链质量激励机制效率演化》,《系统工程理论与实践》2012 年第 11 期。

[129] 李永飞、苏秦、童键:《基于客户质量需求的供应链协调研究》,《软科学》2012 年第 26 卷第 8 期。

[130] Gurnani, H., Erkoc, M., "Supply contracts in manufacturer – retailer interactions with manufacturer – quality and retailer effort – induced demand", *Naval Research Logistics*, No. 55, 2008, pp. 200 – 217.

[131] 刘刚:《我国农产品质量安全成本补偿问题研究》,硕士学位论文,吉林大学,2012 年。

[132] 赵春:《呈贡区蔬菜 2013 年 9 月 26 日至 30 日上市量统计表》,云南农业信息网,2013 年 9 月 30 日。

[133] 刘雯、安玉发:《基于功能分解的农产品批发市场经济性质评价研究》,《经济与管理研究》2010 年第 10 期。

[134] 张维迎:《博弈论与信息经济学》,上海人民出版社 2004 年版。

［135］张志远：《后金融危机时代我国金融监管以及金融风险的博弈研究》，博士学位论文，吉林大学，2013 年。

［136］荣智海：《复杂网络上的演化博弈与机制设计研究》，博士学位论文，上海交通大学，2008 年。

［137］张丽萍：《基于演化博弈的营销渠道合作关系研究》，硕士学位论文，同济大学，2006 年。

［138］殷向洲：《基于演化博弈的闭环供应链协调问题研究》，博士学位论文，武汉理工大学，2008 年。

［139］Prior, T. G., Hines, W. G. S., Cressman, R., "Evolutionary games for spatially dispersed populations", *Journal of Mathematical Biology*, No. 32, 1993, pp. 55 – 65.

［140］A Mazé, S. P. E. R., "Quality signals and governance structures within European agro – food chains: A new institutional economics approach", *Copenhagen*, 2001, pp. 15 – 16.

［141］罗敏、李旭：《农产品质量安全的博弈分析》，《安徽农业科学》2010 年第 24 期。

［142］陈小霖、冯俊文：《基于演化博弈论的农产品质量安全研究》，《技术经济》2007 年第 11 期。

［143］樊斌、李翠霞：《基于质量安全的乳制品加工企业隐蔽违规行为演化博弈分析》，《农业技术经济》2012 年第 1 期。

［144］尹巍巍、张可明、宋伯慧等：《乳品供应链质量安全控制的博弈分析》，《软科学》2009 年第 11 期。

［145］刘万利、吴秀敏：《猪肉产品供应链中各行为主体对质量安全控制行为的博弈分析》，《新疆农垦经济》2005 年第 8 期。

［146］叶俊焘：《以批发市场为核心的农产品质量安全追溯系统研究：理论与策略》，《生态经济》2010 年第 10 期。

［147］刘雯、安玉发、张浩：《加强公益性建设是中国农产品批发市场发展的方向》，《农村经济》2011 年第 4 期。

［148］任燕、安玉发、多喜亮：《政府在食品安全监管中的职能转变与策略选择》，《公共管理学报》2011 年第 1 期。

［149］Loader, R., Hobbs, J. E., "Strategic responses to food safety legislation", *Food Policy*, No. 24, 1999, pp. 685 – 706.

[150] 曾寅初:《农产品批发市场升级改造的难点与对策——基于浙江、山东两省的调查分析》,《中国市场》2007 年第 Z4 期。

[151] Friedman, D., "Evolutionary game in economics", *Econom Etrica*, Vol. 59, No. 3, 1991, pp. 637 – 666.

[152] 张静、马永泽:《农产品质量安全监管分析——以新疆石河子市西部绿珠果蔬农产品批发市场为例》,《农业经济》2012 年第 11 期。

[153] 张永安、李晨光:《复杂适应系统应用领域研究展望》,《管理评论》2010 年第 5 期。

[154] 约翰·H. 霍兰:《隐秩序》,周晓牧、韩晖译,科技教育出版社 2000 年版。

[155] 刘聪、曾建潮、王宏刚:《基于复杂适应系统的食物链建模与仿真》,《系统仿真学报》2009 年第 2 期。

[156] 刘贞、程勇军:《Swarm for Java 仿真及编程实现》,机械工业出版社 2009 年版。

[157] DeRosa, J. K., McCaughin, L. K., "Combined systems engineering and management in the evolution of complex adaptive systems", *Systems Conference*, No. 1, 2007, pp. 1 – 8.

[158] Ricardo, C. G., "Repercussions of complex adaptive systems on product design management", *Technovation*, Vol. 24, No. 9, 2004, pp. 707 – 711.

[159] 张延禄、杨乃定、郭晓:《R&D 网络的自组织演化模型及其仿真研究》,《管理科学》2012 年第 3 期。

[160] 张莉、孙达、姚潇:《基于复杂适应系统的组织学习过程研究》,《工业工程与管理》2011 年第 3 期。

[161] Li, G., Yang, H. J., Sun, L. Y. et al., "The evolutionary complexity of complex adaptive supply networks: A simulation and case study", *International Journal of Production Economics*, Vol. 124, No. 2, 2010, pp. 310 – 330.

[162] Judith, A., Thomas, B., Hans, E., "Managing complexity in supply chains: A discussion of current approaches on the example of the semiconductor industry", *Procedia CIRP*, No. 7, 2013, pp. 79 – 84.

[163] Zhou, H., Wang, S. Y., Cheng, T. C. E., "Competition and evolution in multi – product supply chains: An agent – based retailer model",

International Journal of Production Economics, Vol. 146, No. 1, 2013, pp. 325 –336.

[164] Thomas, Y. C., Kevin, J. D, Manus, R., "Supply networks and complex adaptive systems: Control versus emergence", *Journal of Operations Management*, Vol. 19, No. 3, 2001, pp. 351 –366.

[165] 张涛、孙林岩、孙海虹等:《供应链的系统运作模式分析与建模——基于复杂自适应系统范式的研究》,《系统工程理论与实践》2003 年第 11 期。

[166] 白世贞、郑小京:《基于三层—回声模型的供应链复杂适应系统资源流研究》,《中国管理科学》2007 年第 2 期。

[167] 刘鹏:《中国食品安全监管——基于体制变迁与绩效评估的实证研究》,《公共管理学报》2010 年第 2 期。

[168] 陈红华、田志宏:《国内外农产品可追溯系统比较研究》,《商场现代化》2007 年第 510 期。

[169] 周峰、徐翔:《欧盟食品安全可追溯制度对我国的启示》,《经济纵横》2007 年第 10 期。

[170] 刑文英:《美国的农产品质量安全可追溯制度》,《世界农业》2006 年第 4 期。

[171] 修文彦、任爱胜:《国外农产品质量安全追溯制度的发展与启示》,《农业经济问题》2008 年增刊。

[172] 王立方、陆昌华、谢菊芳等:《家畜和畜产品可追溯系统研究进展》,《农业工程学报》2005 年第 7 期。

[173] 谢菊芳、陆昌华、李保明:《基于 NET 构架的安全猪肉全程可追溯系统实现》,《农业工程学报》2006 年第 6 期。

[174] Abad, E., Palacio, F., Nuin, M. et al., "RFID smart tag for traceability and cold chain monitoring of foods: Demonstration in an intercontinental fresh logistic chain", *Journal of Food Engineering*, Vol. 93, No. 4, 2009, pp. 394 –399.

[175] Patrizia, P., Corrado, C., Francesca, A. et al., "A RFID web – based infotracing system for the artisanal Italian cheese quality traceability", *Food Control*, Vol. 27, No. 1, 2012, pp. 234 –241.

[176] 余华、吴振华:《农产品追溯码的编码研究》,《中国农业科学》

2011 年第 23 期。

[177] 顾小林、卞艺杰、浦徐进：《基于改进 KS 方法的食品安全追溯信息检索模型》，《软科学》2011 年第 8 期。

[178] Pouliot, S., Sumner, D. A., "Traceability, liability, and incentives for food safety and quality", *American Journal of Agricultural Economics*, Vol. 90, No. 1, 2008, pp. 15 – 27.

[179] Kenyon, W. G., William, R. P., Bill, J., "Food retailers push the traceability envelope", *Food Traceability Report*, No. 11, 2004, p. 14.

[180] 王锋、张小栓、穆维松等：《消费者对可追溯农产品的认知和支付意愿分析》，《中国农村经济》2009 年第 3 期。

[181] 杨倍贝、吴秀敏：《消费者对可追溯性农产品的购买意愿研究》，《农村经济》2009 年第 8 期。

[182] Buhr, B. L., "Traceability and information technology in the meat supply chain: implications for firm organization and market structure", *Journal of Food Distribution Research*, Vol. 34, No. 3, 2003, pp. 13 – 26.

[183] 杨秋红、吴秀敏：《农产品生产加工企业建立可追溯系统的意愿及其影响因素——基于四川省的调查分析》，《农业技术经济》2009 年第 2 期。

[184] 周洁红、姜励卿：《农产品质量安全追溯体系中的农户行为分析——以蔬菜种植户为例》，《浙江大学学报》（人文社会科学版）2007 年第 2 期。

[185] Golan, E. H., Krissoff, B., Kuchler, F., "Food traceability", *Amber Waves*, Vol. 2, No. 2, 2004, p. 14.

[186] Bracken, J., Matthews, G., Beef traceability case study, 2005, http: // www. discoverrfid. Org/fileadmin/user_ upload/pdf/GSl_ Beef_ traceability. pdf.

[187] Blancou, J., "A history of the traceability of animals and animal products", *Scientific and Technical Review*, Vol. 20, No. 2, 2001, pp. 420 – 425.

[188] Alberta Agriculture and Food, 2007 – 2010 *Strategic management plan for Alberta agriculture and food: The systems thinking approach: Part of a yearly strategic management cycle (Planning – People – Leadership – Change)*. Alberta's Agriculture and Food Traceability Systems, 2007.

［189］ Animal Health Australia, Livestock identification and traceability, 2003, http：//www. animalhealthaustralia. com. au/shadomx/apps/fms/fmsdownload. cfm? file_ uuid.

［190］ Mckean, J. D. , "The importance of traceability for public health and consumer protection", *Scientific and Technical Review*, Vol. 20, No. 2, 2001, pp. 363 – 371.

［191］ Wendy van, R. , Lynn, J. F. , Davide, M. et al. , "Consumer perceptions of traceability：A cross – national comparison of the associated benefits", *Food Quality and Preference*, No. 19, 2008, pp. 452 – 464.

［192］ 陈红华、田志宏：《谈如何有效发挥零售商在我国农产品可追溯系统中的作用》，《经济师》2008 年第 7 期。

［193］ 杨信廷、钱建平、孙传恒等：《蔬菜安全生产管理及质量追溯系统设计与实现》，《农业工程学报》2008 年第 3 期。

［194］ 汪普庆：《我国蔬菜质量安全治理机制及其仿真研究》，博士学位论文，华中农业大学，2009 年。